U0455264

中华先烈人物故事汇

军事科学院解放军党史军史研究中心

李子洲

学习出版社

目 录
Contents

引 子

习近平总书记指出:"一切向前走,都不能忘记走过的路;走得再远、走到再光辉的未来,也不能忘记走过的过去,不能忘记为什么出发。"今天,让我们回望过往的路,在中国共产党 100 多年伟大征程中,有一个地方,它曾经哺育过中国革命、壮大过中国革命、成就过中国革命,这个地方叫作陕北。

1945 年,毛泽东在党的七大预备会议上讲道:"没有陕北那就不得下地。我说陕北是两点,一个落脚点,一个出发点。"陕北曾经是中国革命低潮时最后的红色孤岛,1934 年到 1935 年,在全国各个革命根据地相继沦陷,各地红军相继长征的危机时刻,陕甘苏区为中共中央和各路红军树起了落脚的航标,刘志丹等率领西北红军连战连胜,将苏区范围扩大到 23 个县的广大地区，人口约 90 万，成为全国唯一的一块革命根据地。

1934 年 10 月，从江西集结出发的中央红军，跨越滚滚金沙江，爬雪山、过草地，历尽千辛万苦，付出重大牺牲，在中国版图上艰难地画出一条蜿蜒曲折的红飘带，终于在 1935 年 10 月抵达陕北。由此，长期困扰红军的落脚点问题终于解决，扭转了中国革命的危局，使中国革命化险为夷，转危为安，并由低谷逐步走向了高潮。红星，从这里再次照耀中国。

1947 年 3 月 18 日，中共中央机关撤离延安；1948 年 3 月 23 日，中共中央机关和中国人民解放军总部在吴堡县川口东渡黄河；历时一年零五天，转战行程达到 3000 里。就在船行黄河这一时刻，从东北到山东，从陕北到中原，人民解放军已从战略防御转为战略进攻，全国解放指日可待。感慨万千之中，毛泽东吟诵起了自己的一首诗词："秋风度河上，大野入苍穹。佳令随人至，明月傍云生。故里鸿音绝，妻儿信未通。满宇频翘望，凯歌奏边城。"

13年岁月，这里凝聚了中国共产党人太深厚的情感，船过黄河登岸后，站在山西碛口古镇的毛泽东面河而立，再次回望陕北。他对周恩来和任弼时说："陕北是个好地方啊，陕北人民对革命作出了很大的贡献，我们是忘不了的。"

　　这是革命伟人毛泽东对陕北之于中国革命贡献和地位的论断，也是中共中央对陕北革命根据地及其创建者李子洲、刘志丹、谢子长等人的高度评价。

　　陕北革命根据地的创建始于李子洲，中共早期领导人罗章龙说："李子洲是陕北革命根据地的拓荒与播种者、奠基者；党在这里扎根很深，这里的群众基础相当雄厚。中国工农红军长征二万五千里，足迹遍十一个省区，最后能得以在陕北落脚，站稳脚跟，这不是一个偶然的事件，而是有它深刻的历史渊源的。仅此一点，李子洲同志就足以名垂青史了。"

　　1940年，毛泽东为李子洲题词"陕北共产党奠基人"，朱德为李子洲之墓题词"陕北共产党发起人"。1944年2月，中共中央西北局、陕甘宁边区政府决定设立子洲县。2000年7月15日，习仲勋同志为李子洲题词"一代英烈　千秋功臣"。

李子洲（1892—1929），名登瀛，字子洲。他是中国共产党早期的优秀党员，陕西中共组织的创建人之一和卓越的组织活动家。他是无比忠诚、无比坚强的伟大的共产主义战士，陕北革命根据地的拓荒者、播种者、奠基者，被称为"陕北的李大钊"。

陕北这片热土，在我们今天的回望中，它永远闪耀着无限的光芒，因为漫漫黄土高坡，孕育了中国革命的成长壮大，巍巍宝塔山，为中华民族升起了实现复兴的辉煌曙光。

李子洲这个人物，在我们今天的回望中，同样永远闪耀着不朽的光辉，因为他不仅是陕北革命火种的播撒者，而且是陕北共产党的创始人和奠基人。他为西北革命培养出了刘志丹、谢子长等大批军事人才和革命志士，为中国人民的解放事业献出了自己宝贵的生命，作出了卓越的贡献。他提出的"党到农民中去""党到军队中去""开展农民运动"等口号，与毛泽东当年提出"农村包围城市""武装夺取政权"的主张，是不谋而合、一脉相承的，历史经验充分证明是完全正确的。所以李子洲的英明论断和实际行动，极大地影响和推动了陕北革命事业乃至大西北革命事业的蓬勃发展，成为中国革命宝贵的精神财富。他的英雄事迹和革命精神，代代相传，流芳千古，将成为启迪后人最好的红色教材和革命法宝。

01 寒门才子露头角

艰难困苦，玉汝于成

　　位于陕西榆林东南部的绥德县，素有"秦汉名邦""天下名州"之称，它雄踞在陕北十字路口，"黄河在其东，沙漠在其北，襟带关陕，控制银夏"。陕北的两条母亲河无定河、大理河在此交汇，城池蜿蜒于疏属山、嵯峨山、雕阴山山峁之间，是陕晋宁蒙之枢纽，"西北的旱码头"，历来为兵家征战、商贾辐辏之地。千百年来，南北民族的冲撞、糅合，恶劣自然环境的造化，厚重的黄河文明在这里养育出了人们英俊强壮、粗犷豪放、勤劳坚韧、忠勇敦厚、豪爽诚信的品格。陕北民谚"米脂的婆姨绥德的汉"，就是对绥德男性的美好赞誉。

绥德城兴隆巷的银匠手艺匠人李元贞就是典型的绥德汉子。他"说起话来笑格盈盈，走起路来稳格堰堰，浓眉大眼俊格丹丹，壮实身子端格争争"。李元贞不仅打制银器手艺高超，更有一身好武艺。他身材高大魁梧，力大无比，为人忠厚，喜好结交朋友，仗着有点身手，喜欢仗义执言、打抱不平，被称为绥德十八条好汉中的一个，在附近村民中有很高的威信。

　　李元贞虽出身贫寒，没有读过书，不识字，但有过目不忘的本领。他从小就喜欢听陕北说书人讲故事，对《三国演义》《水浒传》的故事能够倒背如流，对一些成语典故信手拈来。所以他讲起话来，引经据典又引人入胜，急公好义又能言善辩，常常被人请去评理。乡邻之间的矛盾纠纷都愿意找他裁决，每次他都能公平公正地帮助大家解决。但也有很多次涉及诉讼的时候，他替别人去县衙里打官司，明明有理却没有给乡亲们争回公道。使他切身感受到县衙不是个讲理的地方，在那黑暗社会和腐败政府的统治下，真是"天下衙门朝南开，有理无钱莫进来"。

1892 年 12 月 23 日，李元贞的第一个孩子出生，取名李子洲。妻子白氏，是绥德白家硷一个农民的女儿，勤劳贤惠又十分能干。他们一共养育了三个儿子和一个女儿，二儿子李登云，三儿子李登霄，老四是个女儿，名叫李登岳。

由于家里孩子多，作为长子的李子洲从小就十分懂事，不仅帮家里做些力所能及的事，还帮忙照看弟弟妹妹。按照当地的习俗，等孩子长到 10 岁时，李元贞就应该把自己的银匠手艺传授给儿子，特别是传授给长子李子洲，让他继承父辈的职业和家业。

李元贞却不这么想，因为他吃亏就吃在自己不识字、没文化上。家里几代人辛勤劳作，却始终没有过上好日子，饱尝了处于社会底层被欺压和剥削的痛苦。他决定要送子女们去读书，去寻找一条出人头地、改换门庭的道路。

然而，送孩子进学堂念书，又谈何容易！当时，绥德没有公立学校，仅有两个大户人家自己办的私塾，能上得起私塾的多为富人家的孩子。为了能送李子洲去上私塾，李元贞拼命地劳作，全家人省吃俭用地为他积攒高昂的学杂费。眼见着李子洲已经到了读书的年龄，但随着家里老二、老三和老四相继出生，日子过得一天比一天艰难，李子洲也一直没能进得了学堂。

每当看到几个富人家的孩子背着书包去上学时，李子洲总是羡慕不已。有一次他对父亲说："大，我也想去上学读书。"父亲十分为难地说："娃儿，大也想让你去读书啊，可眼下家里实在拿不出钱来，再等等哈，大一定让你去读书！"

懂事的李子洲看到家里有时连饭也吃不上，就不好再提了。他除了照顾好弟弟妹妹外，有时也到父亲的店里帮助招待客人，找些勤杂活来做。但父亲始终不让他学习银匠这门手艺，似乎一旦学会了，就注定要走这条路，就会影响子洲的人生和前程。

李子洲 15 岁那年，银匠铺子的生意终于有了点起色，李元贞也攒够了学费，才把李子洲送进了一家私塾去念书。私塾里新入学的孩子大都七八岁，小的只有五六岁。已是少年的李子洲坐在教室中格外显眼。几个顽皮的富家公子对李子洲指指点点，给他起外号"大笨蛋""穷小子"，还讽刺地叫他"大学生"。

李子洲听了非常生气，但并不和他们磨缠，他始终记着父亲的话："娃儿，大送你去念书可不容易，你要要强呢，可不光是给我争脸，是给咱穷人争口气。"

李子洲暗自发誓，一定要好好学习，用最好的成绩来回击那些盛气凌人的富人家的小崽子们。

私塾里的先生是一位满腹经纶的老人，50多岁，须发皆白，有一肚子的学问，却因科考屡屡名落孙山，最后仍是秀才。私塾的课程都是旧学，先学《三字经》《百家姓》，再学"四书"和"五经"，学习方法就只是机械地背诵，十分枯燥。其他同学锦衣玉食，冬天穿着貂裘，课间还有佣人来送点心，他们根本没有刻苦学习的动力。多数只是来学堂里学着认几个字，打发时间而已。但身穿粗布衣裳的李子洲却勤奋好学，他的刻苦努力和聪明机灵让先生十分欣赏。先生经常看到别的学生都下学回家了，只有李子洲依然在书桌前背诵默写。他遇到不懂的问题就去找先生讨教，回到家也是手不离书。

有一次，母亲叫李子洲看磨子。他一边箩面，一边看书，结果驴子吃了麦子，他还不知道。有一年八月十五中秋节，父亲打月饼，让李子洲看火。他看了一会儿，就拿起书读了起来，结果烧坏了两炉月饼。父亲又怒又喜，怒的是烧坏了两炉月饼，喜的是儿子能如此认真地读书，将来必有前途。

很快，李子洲在班上就崭露头角，成为学习成绩最好的学生。私塾先生对这个"寒门才子"十分赏识和器重，把他当作自己的得意门生着意培养。

李子洲在这个私塾里学习了3年多的时间，打下了扎实的国学基础。他不仅能背诵和熟记许多经集，而且学会了诗词和联对。读着古代先贤那些关于大同世界的美好描述、品味着典籍中那些朴素的关于平等公正的论述，他的思想也渐渐成熟起来，开始了对事物的独立思考。

李子洲有许多童年的好伙伴，都是穷人家的孩子，没有机会上学，小小年纪就开始干和他们体力不相称的重活。他们都很羡慕李子洲能念书，面对小伙伴们赞许的眼光，李子洲内心不是庆幸，反而很不自在，他甚至觉得自己对不起那些小伙伴。看着和自己感情那么好的小伙伴衣衫褴褛，满脸灰尘，背着比自己都重的背篓，佝偻着腰一步步地挪动着干活时，他脑海里闪现着疑问："为什么都是人，却生而不平等？""穷人的生活为什么会这样苦？""他们为什么不能去上学？"

面对这一切，李子洲内心十分苦闷。尽管他当时还找不到正确完满的答案，但凭着朴素的情感，他产生了一个天真的想法：自己上完私塾，再念中学、大学，等学好本领以后，回到家乡兴办教育。好伙伴们没能上得了学，一定要让他们的孩子都能进学堂念书。

李子洲读完私塾离开学校前，他的老师专门找到李元贞说："你这个娃儿，才华横溢又知道刻苦，一定要送他继续读书哈，千万不敢耽误了。"

1910年春天，李子洲和父亲商量后，决定去三原宏道书院继续求学。

宏道书院为明朝王恕、王承裕父子俩所创办，他们秉持"学须有疑、博学精思、持之以恒"的教育理念，经过几代人的精心打造，到了清末时期，已成为陕甘四大书院之首，且享有"学风之盛，莫过三原"之美誉。

宏道书院自光绪年间就开始从上海、北京甚至日本购买各种科学书籍、报刊，倡导"以识今日时务为第一义"，研讨西方国家富强之道和国内现状，"开吾陕西风气"，"广购致用之书，集好学之士"，向学生宣讲维新思想，号召"非人人卧薪尝胆不足以御外侮"。并通过门生李岳瑞、陈涛同康有为、梁启超取得联系，倡办实业，推广近代科学技术，为近代陕西的发展作出了突出的贡献。

李子洲在这里的时间虽然不长，但是这里对他影响却至为深刻。在这里，他的眼中开始有了世界，他的思想开始倾向革命。他在这里吸纳了西方资产阶级启蒙学者孟德斯鸠和卢梭等人的民主思想，开始具备了反清的革命思想基础。他开始在延续数千年的封建礼法和蕴含着时代智慧的民主思想之间去思考和选择。中国该走怎样的道路？个人该选择怎样的人生？李子洲在这里得到了真正的启蒙。

李子洲在宏道书院正如饥似渴地博览群书之

时，中国近代最伟大的一次资产阶级民主主义革命——辛亥革命爆发。武昌起义后，清政府本打算以陕甘为基地，快速收复东南。陕西革命党人张凤翙、张云山、钱鼎等率领新军并联合"哥老会"等帮会首领，于1911年10月22日发动了"西安起义"，打响了辛亥革命的第二枪。革命之火迅速点燃西北大地。10月25日，三原县的哥老会首领陈坤山响应起义，率领兄弟兵光复了三原县。秦陇复汉军千余人从耀县进驻三原县城。这一天，三原县城万人空巷，民众纷纷自发涌上街头，夹道欢迎。李子洲和宏道书院同学也走上街头，打着"热烈欢迎秦陇复汉军进驻三原"的横幅，高呼着口号，走在游行队伍的最前列，切身感受着时代风云的变幻和革命浪潮的冲击，他心潮澎湃，热血沸腾。

一天，宏道书院的校长朱佛光找到李子洲，激动地对他说："子洲，时代巨变，你是一棵好苗子，去更大的城市学习吧。西安的三秦公学里有好几位教员是从日本留学回国的同盟会会员，师资和教育都很先进，你去投考吧。"

李子洲愉快地答道:"好的恩师,我听从您的建议。"

可是朱校长并不知道,这时候李子洲虽然学到了一身的本领,但依然是穷人家的孩子,李元贞省吃俭用供他念书,已经入不敷出了。李子洲也听说此时绥德匪患猖獗,杨猴小、卢占魁等数股土匪在绥德、米脂一带烧杀抢掠,作恶多端。他放心不下父母和弟弟妹妹,决定先回绥德家中看看,再去西安。

李子洲回到家乡后,才知道清廷榆林驻军在杨昆山的领导下,成立了榆林洪汉军,统管当地的治安。后因军中发生内讧,杨昆山被杀,洪汉军解体。失去管理的榆林,出现大量盗贼,他们骚扰政府、横行乡里,抢劫民宅、杀人放火,害得当地老百姓无法安宁生活。

绥德县城的哥老会为保卫地方社会治安,防止土匪队伍的袭扰,办起了地方民团,吸收许多青年参加。李子洲一回到绥德,民团就派人找上门来,动员他参加。由于家里经济拮据,一时拿不出钱来供他到西安报考;而此时当地土匪如此猖獗,到处祸害百姓，他觉得应该为家乡人民做点实实在在的事情，于是参加了民团。

李子洲在民团里，每天同团友们一起修筑城堡，日夜巡城放哨，几次随民团一起去消灭土匪，表现得很勇敢，生活过得也特别充实。他还利用自己学得的知识启发团友的思想觉悟，深得团友们的喜欢，也得到民团首领的赏识。直到匪患渐渐平息下来后，李子洲才离开民团。

立志宜思真品格

1912年春，20岁的李子洲依然没有放弃继续求学的愿望，他向往外面更大的世界，决心走出黄土高原。家里只好东拼西凑，再次送他踏上艰难的求学之路。

李子洲的目标很明确，就是按照朱佛光校长推荐的报考三秦公学。这是一所辛亥革命之后，由陕西籍的一批留日学生，借鉴日本教育制度，在西安新成立的一所介于高等教育和中等教育之间，并以理工教育和留学教育为主的新式学校。学校设有英文专修班、日文专修班、德文专修班、数理化专修班、中学高等班和蚕桑专修班。

李子洲到达西安之后，本打算先进入日文专修班学习，然后去日本留学。他向往着能像三秦公学的那几位同盟会会员的教员那样，学成回国后也当上教员，给穷人的孩子教书，用教育来拯救积贫积弱的国家。但去日留学的费用极高，家里根本承担不起。无奈之下，他只好进入中学高等班学习。

李子洲一到三秦公学，立即就被学校里的同盟会会员的教职员工深深吸引了，他们都是孙中山的追随者，不遗余力地传播着资产阶级民主革命思想和文化，积极地进行教育改革。他们冲破旧学堂那种陈旧迂腐的思想和礼教，改变那种刻板枯燥的教学方法，采取讨论、研习的办法进行教学，也摒弃了纯粹的经史子集，增添了许多新的教学内容。整个三秦公学里生机勃勃，俨然是陕西的革命中心。学校开学不久，就吸引了大批奋发有为的青年在这里会聚，其中就有后来成为著名的革命家和科学家的刘天章、魏野畴、杨钟健、呼延震东等人。

李子洲同这些志同道合的青年在一起，不仅能在学习上努力上进，做到功课优良，还学到了丰富的科学文化知识，更重要的是接触到了很多先进的思想。

遗憾的是，第一学期还没结束，一个很现实的问题再次困扰着李子洲，他的生活费就要交不上了。因此，他不得不中途辍学，返回绥德。在朋友的帮助下，他到教育局当了一名劝学所的视察员。

李子洲在劝学所工作非常努力，他热情高涨，样样工作抢着干，而且展现出很强的工作能力。当教育局的官员得知他是因为交不起生活费而从三秦公学辍学时，都感到有些可惜，于是，便答应借钱给他，帮助他去西安继续完成学业。不久后，李子洲又重返三秦公学的校园。

李子洲非常珍惜来之不易的再次坐在教室里的机会，他的刻苦精神又一次让他成为学校里引人注目的学生，国文、历史、地理等课程成绩优异。学校的老师和同学们都很赞赏和钦佩他。

除了学习用功、成绩突出，李子洲在三秦公

学里还展现出了他志向高远、理想崇高的一面。他坚持以国家民族命运前途为己任的远大理想、抱负，努力寻求救国救民的真理和道路。

他和一些进步学生在这里的学习不只是停留在书本和课堂上，而是走出书斋，走上社会，参加挽救民族危亡的运动。

1914年7月，第一次世界大战在欧洲爆发。日本趁机对德国宣战，却派兵占领了德国在中国的势力范围山东半岛。袁世凯政府多次要求日本从山东撤军，日本却抛出了臭名昭著的"二十一条"，提出了一系列霸占中国领土资源、侵犯中国主权的无理要求，企图让中国沦为日本的附属国。

袁世凯当局因无力开战，于1915年5月以"国力未充，难以兵戎相见"为遮羞布与日本签订了这一丧权辱国的条约。消息传到国内，全国人民群情激愤，纷纷举行抗议活动，痛骂袁世凯是卖国贼。袁世凯不仅卖国，而且窃国。12月12日，他修改国体为君主立宪制，自称皇帝。此举遭到各方反对，引发南方各省纷纷发起护国运动，武力讨袁、宣布独立。

面对辛亥革命的成果被破坏、国家混乱的状况，年轻的李子洲十分痛苦，他再次深刻地认识到，个人的贫苦或许可以通过读书来改变，但天下所有穷人的穷根不是天生的，而是由这落后的制度造成的。救国才能救自己、才能拯救天下的穷苦百姓。

李子洲联络刘天章、魏野畴、杨钟健、杨明轩等同学一起商议，他慷慨激昂地说道："咱们不能一心只读圣贤书了，天下兴亡，匹夫有责。现在亡国风险迫在眉睫，我们要以国家民族命运前途为己任，开始行动起来了，打倒袁世凯这个老贼！"于是，他们开始组织撰写传单，同其他学校的爱国师生一起，走上街头散发传单，大声疾呼，发表演讲，揭露日本帝国主义的强盗行径，声讨窃国大盗袁世凯的卖国罪行。

1916 年 3 月 22 日，袁世凯虽然被迫取消了帝制，他自己也在全国上下的一片唾骂声中于 6 月 6 日死去。但是整个中国从此陷入了军阀割据、四分五裂的混乱局面，广大人民群众依旧身处在水深火热之中。

北大好时光

1917 年，李子洲以优异的成绩考入了北京大学预科班。就在这一年的俄历 10 月，发生了一件震动世界的大事，俄国的工人、农民和士兵，在以列宁为首的布尔什维克领导下，推翻了资产阶级的临时政府，建立了世界上第一个无产阶级专政的国家。

十月革命的成功，对摇摇欲坠的中国社会产生了巨大的震动。一批先进知识分子开始学习和研究马克思学说，开始认识共产主义。而李子洲所在的北京大学，也就成为最早传播马克思列宁主义的试验田。

恰在此时，北京大学刚上任不久的著名的资产阶级革命家、教育家蔡元培校长，大刀阔斧对北大进行全面改革，一改之前北大腐败的校风和保守的学风，提出了"循思想自由原则，取兼容并包主义"的办学方针。他广集人才，容纳各种学术和思想流派，互相争鸣，自由发展。他力排众议聘请了陈独秀来担任北大的文科学长，还聘请了李大钊、鲁迅、钱玄同、胡适、沈尹默、王星拱、刘半农、张申府、徐宝璜等著名人士来校任教。北京大学集中了一大批国内外知名的进步革命家、思想家和学者，在"学术思想自由"的口号下，众多社团如雨后春笋般涌现，哲学研究会、新闻研究会、雄辩会、进德会、音乐传习所、数理研究会、新剧研究会、体育会、书法研究会、画法研究会、图书报社、学生储蓄银行、消费公社、静坐会等相继成立。

李子洲沉浸在北大这种新文化浓厚的氛围中，简直如鱼得水，他强烈地感觉到时间太不够用了，有这么多吸引人的新思想、新知识，他想全部装进自己的头脑中。他热情地参加了哲学研究会、新闻研究会、进德会、体育会等社团，而且是这些社团中较为活跃的积极分子。

进德会是由蔡元培校长发起的，以增进德行为目的的知识分子团体，倡导健康生活，崇尚道德完备的人格，要求不嫖、不赌、不娶妾为基本戒条，更高的要求是不做官、不吸烟、不饮酒、不食肉。李子洲的心中始终想着远在黄土高原上辛苦劳作的一家人，想到家乡父老面朝黄土背朝天的艰辛，想到中国几万万的穷人还衣不蔽体、食不果腹。因此，他用进德会的戒律严格要求自己，近乎达到苛刻的程度。他努力朝着蔡元培提倡的做一个"君子"的目标靠拢。

李子洲有像父亲一样高大的身材、健壮的体魄，身手也十分敏捷。加上受父亲热爱武术的影响，他也一直喜爱体育运动。在体育会里，他尤其热爱标枪运动，一有时间就刻苦训练。在北大举办的一次体育运动会上，他还取得了较好的名次。

哲学研究会和新闻研究会，是会员人数最多的两个社团，李子洲是这两个社团的骨干，经常与同样热爱这两个社团的毛泽东、罗章龙、陈公博等人开展讨论，一起参加"平民教育讲演团"的活动。

那时，毛泽东与蔡和森等 8 名湖南新民学会的会员，住在离北大红楼不远的景山东街三眼井吉安所左巷 7 号，一座狭小的四合院里，8 个人挤在一间长不到一丈、宽仅八尺的小屋中同被而眠。而李子洲就住在咫尺之隔的吉安所左巷 6 号院里，这里也是陕西旅京学生聚会的地方，每逢休息日，这里便是陕西旅京学生联合会活动的据点，北大学生刘天章、杨钟健、杨晓初、刘含初、耿炳光、方仲如、营尔斌等人，北京高等师范学生杨明轩、魏野畴等人经常在这里举行活动，大家从国家民族大事聊到学术思想问题，话题广泛，谈天说地，无所不及。

因为志趣相投，6 号院和 7 号院两个团体的成员交融在一起，关系甚密。李子洲、刘天章、杨晓初等陕西同学经常与湖南新民学会的毛泽东、蔡和森、罗章龙、萧三等聚在一起，彼此畅所欲言，各抒己见，探索救国救民的真理，有时讨论起来通宵达旦。

湖南的学子们热情、聪颖、敏捷、勇猛，陕西的学子们质朴、豪侠、坚强，他们互相钦佩、互相欣赏，共同学习和进步。他们在这里找到了共同的火热信仰：做一名马克思主义者！

1919 年 3 月，毛泽东因为母亲病重返回了湖南，其他同学则在这里，共同掀起了一场惊天动地、改变中国的伟大运动。

火烧赵家楼

1919 年 1 月，第一次世界大战战胜国在法国巴黎召开和平会议（史称"巴黎和会"），中国作为第一次世界大战协约国成员参加了会议。中国代表在和会上提出废除外国在中国的势力范围、撤出外国在中国的军队和取消"二十一条"等正义要求，但"巴黎和会"无视中国作为战胜国之一，拒绝了中国代表团提出的要求，进而规定德国应将在中国山东获得的一切特权转交给日本。

北洋军阀政府屈服于帝国主义的压力，居然准备接受这个决定，还准备在《协约国和参战各国对德和约》上签字。消息传回国内，立即点燃了中国人民的愤怒之火。北大青年学生李子洲等人率先从学校冲出来，走上街头进行游行抗议，他们组成演说队，派发传单，呼吁民众觉醒，共同反抗日本的侵略瓜分，坚决反对中国签订巴黎和约，并强烈要求将北洋政府官员曹汝霖、陆宗舆、章宗祥等革职查办。

星星之火一旦点燃，必然引发燎原之势。5月3日下午，北大1000多名学生在法科大礼堂召开大会。清华、高等师范、中国大学等13所学校也派代表参加了会议。会场上群情激愤，北大学生张国焘、许德珩、丁肇青、谢绍敏等先后发言。会议开得正热烈的时候，法科院学生谢绍敏悲愤填膺，当场咬破中指，在一块白手巾上血书"还我青岛"4个大字。刘仁静同学也当场拿出一把菜刀，要舍身以激励国人。

大会开至深夜，最后决定于5月4日发动各校学生前往天安门集会，举行学界大示威游行。大会推举了李子洲、段锡朋、方豪、罗章龙、张国焘、许德珩等 10 多人担任游行大会主席团成员。散会后，大家连夜开始准备。

初夏的夜晚，整个北大在沸腾，学校里灯火通明。离北大红楼一箭之地的吉安所左巷俨然成了第二指挥所，住在这里的湖南共进社和陕西旅京学生联合会的同学们十分忙碌，他们有的书写标语，有的制作旗帜，还有的准备纸糊喇叭，大家都认真地做着游行示威前的各项准备。李子洲、罗章龙、刘天章、易光巍、匡互生等主席团成员，奔波在北大校园各处检查和布置准备工作。

5 月 4 日上午，李子洲等人召集北大同学在马神庙整队集合，数百人排好队，一齐向天安门广场进发。队伍前面举着一副白色对联：

卖国求荣，早知曹瞒遗种碑无字
倾心媚外，不期章惇余孽死有头

当北大的游行队伍赶到天安门时，其他各校的游行队伍已经到达。3000 多人会集在天安门前的金水桥南侧，人头攒动，旌旗猎猎，白色的旗帜上写着"还我青岛""收回山东权利""惩办卖国贼""废除二十一条""拒绝在巴黎和约上签字""内除国贼、外抗强权""宁为玉碎、勿为瓦全""抵制日货""中国是中国人的中国"等标语和口号。旗帜在微风中抖动着，像白色的浪潮在涌动。

上午 10 时许，游行的队伍开始涌动，学生们高举旗帜，喊着口号，顺着长安街一路向东。到了东单路口时，又拐弯向南。当到达东交民巷使馆区时，受到军警的强行阻拦。走在前面的北大同学上前交涉，毫无结果。愤怒的学生们看着麻木不仁的军警，大声质问道："马上就要成为亡国奴隶了，你们还在为列强看家护院，中国的土地怎么能不让中国人过？"

被激怒了的学生中有人喊道："我们到外交部去，到曹汝霖家里去找他！"于是，愤怒的学生又潮水般地涌向赵家楼。

曹汝霖时任北洋政府交通总长兼财政总长，1915 年，就是他任外交次长时，负责签订的卖国条款"二十一条"，已被民众两度定义为卖国贼。

李子洲和几个领头的同学走在队伍的最前头，他们一路高呼口号，散发传单，登台演讲，沿途观看的民众也跟着喊起了口号。不多时，游行队伍浩浩荡荡地来到了赵家楼胡同。

曹汝霖家有东西两个院子，亭台楼阁俱备，房间数量众多。曹宅的大门早已紧闭，门口有卫兵守卫。由于房屋围墙太高，无法进入。盛怒之下的学生高喊："打倒卖国贼！""卖国贼曹汝霖快出来！"

爱国学生早就对他憋了一肚子气，恨得咬牙切齿。眼下，来到曹汝霖门前，怎肯轻易放过？于是，他们将写有"卖国贼"的旗子掷向院内，用旗杆把沿街一排房上的瓦都给捅了下来，摔了一地。李子洲又带领学生们把地上的瓦片全部"敬赠"给了曹家院内。

曹家宅门坚固，守卫又多，这样干耗下去总不是办法。李子洲环顾四周，发现大门右侧有一个小窗户，就和罗章龙、刘天章等人商量说："门打不开，就用踩'人梯'的办法，登上窗台，打破窗户跳进去，从里边打开大门。"

罗章龙和刘天章说："看来只有这个办法了。"

北京高等师范学校的学生匡互生自告奋勇地站出来说："让我来吧！"

匡互生会些武功，在同学们的协助下，动作敏捷地爬上了窗台，一拳将窗户上的玻璃打碎，打开窗子，跳了进去。李子洲紧随其后，刘仁静等四五个同学也毫不犹豫地跟着跳了进去。

曹宅内有几十个全副武装的卫兵，他们被门外挤得水泄不通的人群震慑住了，看见几个学生跳了进来，他们没有采取任何阻拦措施，呆若木鸡地看着李子洲等人将沉重的大门打开，门外的学生蜂拥而入涌进了赵家楼。

游行指挥部获取的消息称，曹汝霖、章宗祥、陆宗舆3个卖国贼正在曹家开会，而学生们涌入内宅搜寻了半天，也没有找到他们三人的踪影，愤怒之下，有人在客厅里点了一把火，不一会儿，火势迅速蔓延。

原来，曹汝霖正在准备同时任司法总长的章宗祥（担任驻日公使时，参与把中国铁路主权出卖给日本，也是签订"二十一条"的罪魁祸首）和时任币制局总裁的陆宗舆，以及日本新闻记者中江丑吉一起开会。会议还没开始，曹、章二人正在后院的客厅里焦急地等待陆宗舆，由于陆宗舆迷路了，一时没有找到赵家楼。

曹汝霖见学生们包围了他家，非常紧张。当得知学生们突破重重警卫破门而入时，更加惊慌失措。他急忙来到厨房，穿上厨子的粗布大褂，从后门跑了出来，躲进了租界的一家法国医院里，全然不顾还在客厅里的章宗祥。章宗祥看到前院起火，曹汝霖也跑了，就不顾一切地冒险往外冲，却被学生们当作"曹汝霖"抓住了。愤怒的同学们拳脚相加，棍子、砖头、瓦片一齐往"曹汝霖"身上招呼，还有的从隔壁杂货铺里拿来鸡蛋，对准这个卖国贼的头部砸过去，直把他打得头破血流，"三分像人，七分像鬼"地倒在地上装死。

有个细心的同学，突然看到客厅里挂着的曹汝霖的大照片。这才发现原来被打的不是曹汝霖！但也不知道是章宗祥，于是才住手。章宗祥的朋友中江丑吉趁机扑上前去，把他从学生们手中抢出来，送到一家日本医院救治。病历显示：头部挫创，全身各部位被打伤。这就是五四运动中另一个重要事件"暴打章宗祥"。

火烧赵家楼、痛打章宗祥之后，段祺瑞政府警察总监吴炳湘和步军统领李长泰率领大批警察和消防人员赶到赵家楼，他们用枪杆、高压水龙强行把学生队伍驱散，还逮捕了32个人。

在反抗抓捕的过程中，李子洲和同学们同军警奋力展开搏斗。许多同学被打得鼻青脸肿，李子洲的臂部、腿部也被枪托砸伤。

火烧赵家楼、痛打章宗祥的义举震动了全国。第二天，北京全市学生罢课，表示强烈抗议，并通电全国。北大召开学生大会，蔡元培校长出席讲话。大家群情激昂，义愤填膺，决定成立北大学生干事会（简称学生会），表示一定把斗争坚持下去。李子洲被推举为学生会干事。

北京学生的爱国游行运动，得到了全国各地学生和社会各界的广泛关注和积极响应。上海除各学校外，工人群众也站出来举行了声势浩大的罢工，声援北京的学生运动。参加罢工的工人达六七万人以上，使上海的工业生产瘫痪，商业活动停摆，水陆交通断绝。紧接着唐山、长辛店、九江、长沙、武汉、天津、济南、青岛等地工人，也相继举行游行示威和罢工，斗争不断地扩大。很快，五四爱国运动的烈火在全国呈燎原之势。

血溅总统府

1919年5月底，全国各地的学生因北洋政府的高压镇压，不再满足于在本地罢课。为支持北京的学生运动，各地先后派遣代表来到北京身体力行地表达支援和参与。6月底，新组建的陕西学生联合会，选出屈武、李伍亭等人作为代表赶赴北京。

屈武、李伍亭等人一到达北京，就和李子洲、刘天章等会面。李子洲看到这来自三秦大地的支持，十分感动。他组织欢迎会，将北京的学生运动情况作了介绍，还特地把北京大学的学生干部委员会、北京学联的工作方案与决定，向屈武、李伍亭等人作了通报。欢迎会之后，李子洲和刘天章又将陕西籍的学生，北大学生会负责人段锡朋、方豪、许德珩和湖南新民学会负责人罗章龙等人，召集在一起与屈武、李伍亭等人进行交流。

几天后，李子洲还领着屈武、李伍亭等人来到北大红楼拜访了李大钊。李大钊听了陕西的学生运动情况后，高兴地说："看来，西安的学生运动比我预想的好啊！有声势，有特点，是值得称道的。"他还问道："你们那里新文化运动推进得如何？同学们课余都读些什么书刊？"

屈武见到李大钊十分激动地说：西北的许多学校已开始废弃文言文和八股文，推广白话文，提倡科学和民主。《晨钟报》《新青年》等进步书刊在同学们中很受欢迎，上面的文章能给大家思想上的启迪。屈武还把读过的《青春》《庶民的胜利》等文章向他请教，李大钊做了深入浅出又非常精辟的解答。然后真诚地说："你读我的文章如果能有所启迪，我很欣慰。你可以更多地读一些马克思主义的原著，看一看俄国十月革命的胜利经验。"

紧接着，李大钊把他在这次运动中的一些新

的想法讲给李子洲和屈武："学生运动要取得大的胜利，就要采取联合行动。一是全国学生的联合，二是全国学生与劳工的联合。要到最痛苦、最悲惨的劳工中去，要晓得痛苦的人是些什么人？痛苦的事，是些什么事？痛苦的原因在什么地方？然后，大家一起消灭这痛苦的原因。这样才能新造民族之生命，挽回民族之青春。"

"在北大，来自大西北的青年学子大多是有朝气、有作为的，在这次五四运动中给我留下了很好的印象。刘天章、李子洲、杨钟健、杨晓初、赵次庭等。不少人我是熟悉的。相信你们陕西学子将来会成为时代的英雄，成为创造历史、创造新世界的英雄。"

李大钊的话极大地鼓舞了来自陕西的学生们，特别是屈武，他感到受益匪浅，不虚此行。屈武立即和李子洲就如何把陕西学生运动向更高目标推进作了深入细致的研究。

陕西学生联合会代表到北京不久，山东各界请愿团的 85 人也来到北京，在新华门求见北洋政府总统徐世昌，要求解决山东问题。北京学联决定采取一致行动，声援山东请愿团。

6月27日上午，山东代表请愿团、北京中等以上学校学生联合会代表请愿团、京师总商会代表请愿团、留日学生代表请愿团、报界代表请愿团、基督教代表请愿团、陕西学生联合会代表请愿团等7个团体500多名代表齐聚在新华门，手执写满要求的旗帜，整整齐齐地列队，向总统请愿，对北洋政府提出3项要求：（1）不保留山东则和约绝不签字；（2）决定废除高徐济顺两路草案；（3）立即恢复南北和会。

"若不得切实答复以命令电传全国请愿团，誓死不去公府之门，以示最大决心。"

当场公推出陕西学生屈武等11名代表，要求"晋"见徐世昌总统。

李子洲作为北京请愿团的代表，不断地为代表团的成员鼓劲，并密切注视和掌控着整个请愿团的情况。有代表团的人员出现身体不适，他立即组织人来帮助。面对如此坚决而恳切的请愿，不断有声援的学生、市民加入队列中，人群越聚越多，足有万人之众，把新华门外西长安街堵得水泄不通。

由于天气炎热，请愿的代表没有吃饭，汗水湿透了衣服。北京市民全力支持请愿斗争，给他们送来了茶水、粽子、糕点、果品。有几位老大爷还担来绿豆汤、酸梅汤。一些拉洋车的车夫也懂得"国家兴亡，匹夫有责"，把辛苦一天拉车挣来的钱，买了馒头、烧饼送给学生和代表们。

总统徐世昌无视各界代表的爱国要求，躲在中南海里避而不见，只是派教育部次长傅岳棻出来敷衍。傅岳棻根本不敢谈及实质性问题，只是避重就轻，冠冕堂皇地谎称"徐大总统不在，你们等也无用。请把请愿书留下，政府以后自有答复"。警察总监吴炳湘也出来帮腔，害怕控制不了局面。

代表们群情愤慨，纷纷发表演讲，高呼口号，朗诵诗歌，谴责北洋当局的卖国行径。他们互相鼓励，斗志昂扬，众志成城。坚决表示"政府言而无信，请立见总统即发命令正式声明不签字"，得不到真正的答复决不收兵。

这时，广场上有人领着大家连续高呼口号："我们要见徐大总统！""吴炳湘滚回去！""傅岳菜滚回去！"……看到这阵势，他俩只好灰溜溜地退回到中南海里。

夜幕降临，请愿的代表依然没有要撤退的意思。临近午夜，傅岳棻又领着参议曾彝进出来劝说大家散去。甚至虚与委蛇地说："大家太辛苦了，暂且回去，明天早上再来也不耽误。"代表们识破了这种缓兵之计，当然不会答应。李子洲大声喊道："不见总统，我们寸步不退！"傅岳棻只得再次返回。

鉴于徐世昌面对民意毫无所动，李子洲召集代表们现场开会研究，决定以北京中等以上学校学生联合会名义，立即发布请愿宣言及致各界电，向全国各界通报新华门前的情况、向全国人民剖白此次请愿的决心，以唤起全国各界的声援和支持，对北洋政府形成强大舆论压力。《请愿宣言》和《电文》用泣血的文字历数中国所受之屈辱，用战斗的号角唤醒全国人民，用最后的决绝表白誓死也要夺回山东的决心。

北京《晨报》的记者这样写道："是夜，各代表均在新华门外两旁招待所栏杆边坐待通宵，并由各团体各办馒头数千个送往新华门以备各代表充饥之用。府中则仅备茶水而已。"

6月28日上午，请愿代表已经斗争了一天一夜，群情愤慨到了极点。在各代表的一再要求下，选出的11名代表才被允许进入中南海颐年堂等候徐世昌。然而，一等再等，却始终没有见到这位大总统，内部传递过来的信息也是不确定的，这明显是在故意拖延。

陕西学联的屈武在颐年堂内，李子洲则在新华门外，他见中南海内迟迟没有动静，就组织学生和群众开始大声呼喊，并和大家手拉手、臂挽臂地向新华门靠近，做出要"闯关"的架势。由此与守门的警察发生了冲突。

发生冲突过后，李子洲感到这不是目的，最终目的是要见到徐世昌，逼他签署不签和约的命令。为了避免不必要的冲突和牺牲，应改变斗争的策略与方式。广场上李子洲和北京学联的同学引导大家保持安静，保持体力，要让北洋当局看到代表们坚定的意志和没有丝毫退却的意愿。

在全体请愿代表坚定不移的斗争下，在全国

各界民众的强大舆论压力下，进士出身的徐世昌深恐事态扩大，局面难以收拾，才不得不答应亲自接见了 11 名请愿代表。

上午 9 时 30 分，接见正式开始，代总理龚心湛、警察总监吴炳湘、教育部次长傅岳棻、参议曾彝进等人也陪同接见。

徐世昌一见到学生代表，首先寒暄："本人公务繁忙，实难分身，让各位久等了！惭愧！惭愧！各位非要见我不可，好嘛。有何要求，有何目的，就请先说说吧！"看得出，徐世昌面有难色，心情沉重。

11 名代表重申 3 项要求，山东请愿团的代表表达了全省人民愤慨的心情和坚决不当亡国奴的誓死决心。

徐世昌听了以后避而不谈山东问题，而是采取了含糊其词、敷衍了事的态度。竟然说："学生的爱国热情是可以理解的，陈述意见，也情有可原。但是，学生年纪太轻，阅历太浅，容易被人利用。如果聚众滋事，那就不好了。学生应该安心读书，以便日后为国家做事，不要今天游行，明天示威。我们国家多年积弱，要强盛起来非朝夕之功，不要操之过急。国家大事，政府自有权衡。"

代表们们听了徐世昌冠冕堂皇的话，感到非常气愤，便争相发言开始据理力争。

屈武听着听着，无法克制悲愤的情绪，忽地一下子站起来，大步奔向大厅中央，冲着徐世昌喊道："徐大总统！我们的国家都快要亡国了，我们都快要做亡国奴了，你还说要安心读书，不可操之过急，我们能安下心来吗？像这样，今天丢青岛，明天失山东，不用多久，整个北方都不是我们的了。如果政府还是麻木不仁，置学生的正义要求而不顾，我们就只有以死力争了！"说罢，他扑通一声跪下来，一边痛哭，一边重重地将头往地上磕，"咚！咚！咚！"每一下都敲击在厅堂之内每一个人的心上，连在场的官员也为之动容，连忙走上前去搀他起来。突然间，屈武奋力从几个搀扶的人手中挣脱出来，双腿使劲一蹬，一头向墙壁撞去，顿时头上血流如注，昏了过去。这就是轰动全国的"血溅总统府"事件。

徐世昌见此情景，慌忙转身走开了，留下国

务院代总理龚心湛来处置。

等候在新华门的李子洲听说此事，大为感动，立马组织人员把屈武送进协和医院治疗。李子洲握着屈武的手，心潮澎湃，他既为同乡屈武的英勇行为感到自豪，也为他的伤势担心。

"五四"以来，一个多月所经历的种种，使李子洲更加看清楚了军阀政府的实质，也看到了五四运动走到黎明前的这一步，虽然学生是马前卒、先锋队，但在很大程度上，要归功于国民的觉醒和抗争，要归功于五四运动所引发的新生的工人阶级和广大农民的举国抗议斗争。此刻，李子洲浑身充满力量，他下定决心要改变这黑暗的中国。

当天晚上，北洋政府召开紧急会议，做出了决议，决定同意学生的要求，并立即打电报给出席巴黎和会的中国代表团，命其拒绝在和约上签字。

第二天，全国多家报纸都报道了这一事件，一时间屈武置个人生死于度外、满腔热血、爱国情切的英名迅速传遍全国。屈武"血溅总统府"的壮举，对激发全国人民的爱国热情起了很大的作用。

6月29日，徐世昌总统令国务院正式发布文告，表示学生代表"所陈三事，政府已具决心。亟应竭力进行，以慰众望。困苦艰难，当与国民共之。其各安本业，勿滋疑虑"。

轰轰烈烈的五四运动取得了属于人民的胜利。而拒签巴黎和约，是自鸦片战争以来中国外交史上破天荒的大事，开创了敢于抗争的先例。

03 相逢意气为君饮

追随李大钊

　　五四运动之后，李子洲转入北京大学哲学系学习，北大哲学系重要课程"唯物史观"的教授者正是李大钊。当时，李大钊和陈独秀被年轻学子们称为"北大红楼两巨人"。他们不仅是新文化运动的创始人、力行倡导者，也是五四运动的缔造者和发动者，他们更是中国共产党的缔造者。

　　李大钊对李子洲的影响是决定性、启蒙性的，不仅是李子洲的精神引领者，更是他走上革命道路的引路人。李大钊的光辉思想、高尚品质、求实作风，甚至生活习惯都深深地影响着李子洲，以至后来人们把李子洲称为"陕西的李大钊"。李大钊和陈独秀创办的《新青年》《每周评论》《少年中国》，还有由李大钊担任顾问的《国民》《新潮》《晨报》副刊等，深受年轻学子的欢迎，李子洲是这些刊物最忠实的读者，尤其是李大钊的文章，他如饥似渴地拜读学习。

在北大校园里，只要有李大钊和陈独秀的演讲和报告，李子洲逢会必去，忠实地追随着两位革命导师、文化大家的脚步，从他们宣传的新文化、新思想中，得到了马克思主义学说的滋养。

1920年1月，受到李大钊和陈独秀的启发和影响，李子洲和刘天章等陕西籍学生商量决定，要为家乡创办一个刊物，旨在用他们学习到的新知识、新思想来唤起沉睡的陕西人民的自觉心，报道陕西社会状况，提倡民主、自由、科学和妇女解放，反对封建道德、尊孔读经和早婚、缠足等旧习俗，同时揭露反动军阀对陕西的黑暗统治。经过讨论，刊物起名叫《秦钟》。

李子洲既当撰稿人，又当编辑，还负责印制。他们将出版的《秦钟》月刊寄到陕西各界，深得陕西教育界及广大读者的欢迎。许多文章以诗歌散文的形式，对封建主义旧思想、旧文化、旧礼教进行深刻的揭露和批判，唤醒民众的民主意识，激发人们关心国家民族大事、追求救国救民真理的热情，极大地促进了陕西人民的思想觉醒。

当时的陕西学界，由省教育厅厅长郭希仁把持，新文化运动被压制得非常厉害。因为郭希仁就是一名顽固的国粹派，甚至要求全体学生在孔子诞辰时到文庙朝拜，还必须三叩九拜，人人遵守"三纲五常"。陕西女子师范学校教务主任王授金，受新文化运动的影响，积极倡导妇女解放，鼓励女子上学，倡导妇女放脚，允许女学生剪发。这些思想和举措在陕西教育界掀起了轩然大波，郭希仁认为这是大逆不道。

有一次，女师的学生们集体缺席了文庙的崇孔活动。郭希仁对王授金的违命暴跳如雷，以"有失厥职"为由，将王授金免职。

消息传到北京，李子洲和刘天章等旅京的陕西籍学生对此事件十分气愤。于是，他们发动 11 名陕西籍旅京学生联名给郭希仁写了一封公开信：

"顷闻 9 月 30 日，《北京晨报》载，对于陕西女子师范讲演训令一则，不胜骇异……在中华民国法律之下，学术自由、信仰自由、言论自由、思想自由……人人皆知，而教育厅何能不知，乃竟非法干涉，妄施阻挠，以此藐视国法，贻祸教育，殊属荒唐绝伦。若不设法挽救，贻害何堪设想……"

郭希仁接到信后，看到北京的几个毛孩子竟然敢用这么严厉的话语谴责自己，气得当场将茶碗摔碎在地上，口中狂喊："成何体统，这是要造反啊！"但是，李子洲等人的这封信像战斗檄文，一下点燃了陕西学界的进步力量，他们开始和当局斗争，在社会各方力量的支持下，郭希仁在一片指责声中被轰下了台。这次胜利，让李子洲深深感受到斗争的力量——唯有斗争才有胜利。

1920 年 3 月，李大钊觉得要扩大马克思主义在中国的宣传，仅靠自己写文章是远远不够的，必须吸纳更多的人来参加。于是，他与邓中夏、高君宇商量，在北京大学秘密发起了一个马克思学说研究会，还特别吸纳了李子洲这个弟子参加。

最初参加这个研究会的只有罗章龙、邓中夏、高君宇、何孟雄、朱务善、李子洲等人。这是中国历史上第一个马克思学说研究会。研究会在秘密状态下开展活动，直到中共一大召开以后，经过北方区委多次权衡，才决定在1921年11月17日刊登启事。启事刊出后，报名者十分踊跃，同学们奔走相告，外校很多学生也来争着报名。一个月之后，马克思学说研究会会员增至四五十人，并在北大会议厅召开正式成立大会，蔡元培校长参加了大会并发表讲话。

　　研究会成立后，蔡元培校长特地从学校西斋宿舍中拨出两间房子给研究会使用，一间是办公室，一间是图书室。有了这个阵地，会员们再也不用东跑西颠了，可以集中精力进行学习和研究。室内墙壁正中挂有马克思像，两边贴有一副对联："出研究室入监狱，南方兼有北方强。"墙上还贴满革命诗歌、箴言、格言。

　　自从有了这两间房子后，除了会员们在这里学习讨论，这两间房子也渐渐地成了一些革命团体的集会地点，李大钊经常在这里工作到深夜。大家都亲切地称这里为"亢慕义斋"，其中"亢慕义"是德文翻译，全文意思是"共产主义小室"

（DasKammunistschesZimmer）。李子洲则习惯用"亢慕义斋"或"亢斋"来称呼学会。他还自己动手刻了一枚图章"亢慕义斋图书"来给学会的图书资料盖上印记。

李子洲在研究会里十分活跃，不仅按照李大钊的要求，收集整理和研究马克思恩格斯和列宁的著作，还积极宣传、广纳人才。不久，他把刘天章、魏野畴、杨钟健等人也拉进了研究会。

每天晚上，研究会的两间房子里总是挤得满满的。大家在非常困难的条件下学习研究马克思主义。最大的困难就是关于马克思主义的书籍太少。开始，他们能读到的只有陈望道翻译的《共产党宣言》和日本马克思主义研究者河上肇，以及德国社会民主主义活动家卡尔·考茨基所写的介绍马克思主义的书籍，还有《新青年》和其他报刊上发表的一些有关马克思主义的文章。后来，陆续收集到一些由共产国际提供的马克思主义原著，但都是外文版，有法语、日语、英语等，这些翻译过来的书籍，本身就存在翻译不准确的问题，再转译为中文，就怕失之毫厘，谬之千里。为了准确翻译这些著作，研究会专门组织了一个有三四十名会员参加的翻译组。

李子洲在这样的环境和氛围下如饥似渴地学习和研究，他的思想飞快地成熟起来。

从《共进》刊到"共进社"

1921年10月，李子洲和刘天章、杨钟健、杨晓初等人商量，决定把只出版了6期就停刊的《秦钟》再恢复起来，改名叫《共进》。为扩大新文化、新思想等文章的刊载量，将原来的月刊改为半月刊。

李子洲虽然主要负责《共进》杂志的印刷和发行，但几乎每期都有他撰写的文章。由于人员少，从组稿、编稿到校对等工作，他样样都深度参与。

1922年10月，以《共进》杂志社为基础，发展成立了政治性的社团组织，即共进社。共进社的宗旨是"提倡桑梓文化，改造陕西社会"。共进社一成立，就把许多进步的陕西籍旅京学生团结在了一起，为发展中共陕西及西北党的组织建设孕育了一大批创始者和骨干分子。

李子洲作为共进社的创办者之一，常被大家称为"共进社大脑"，刘天章则为"小脑"，赵国宾号称"赵龙"，杨晓初号称"杨虎"。这4位"金刚"全是西安三秦公学的学生。他们共同创办的这一进步社团，成为五四运动后在全国影响较大的进步社团之一，成员最多时达600多人。《共进》刊物不仅向全国发行，还远达日本和东欧许多国家，发行量达四五千份。

以《共进》为媒介，在天津、上海、南通、武汉、开封等地都建有分社，仅陕西省就有西安、三原、渭南、华县、榆林、绥德、肤施、南郑、咸阳9家分社，尤其是在咸阳的影响最大，咸阳中学全校师生都加入了共进社。《共进》在陕西革命中起到的宣传和启蒙作用，如同《新青年》之于中国。

《共进》影响之大，持续时间之长。从创刊到停刊共出版 105 期。直到 1926 年 10 月，奉系军阀张作霖视《共进》为毒草，以"赤化"的罪名查封了共进社总部，几十名共进社成员相继被捕，共进社被迫宣布解体，《共进》刊物被迫停刊。

有了进步社团斗争的经验，李子洲进一步认识到，只有创立属于本阶级的革命政党、紧紧地依靠这个政党，才能实现对黑暗社会的改造。1923 年年初，李子洲在北大经李大钊、刘天章介绍，光荣地加入了中国共产党。这位在五四运动的大潮中成长起来的革命青年，从此开启了以共产主义信仰为毕生追求的壮丽事业！

李子洲入党后，把为了让劳苦大众能像人一样地活着，能拥有人的权利、人的快乐、人的尊严作为心底的誓言，时刻牢记。

1923 年 2 月 7 日，直系军阀吴佩孚血腥镇压京汉铁路工人大罢工，杀害 50 多人，打伤 300 多人，1000 余人被迫流亡，制造了震惊中外的"二七惨案"。

李子洲作为北大学生会干事，组织并参加了在琉璃厂北高师风雨操场举行的"二七惨案"追悼大会。在有 5000 多人参加的追悼会上，中共北方劳动组合书记部代表王铮、京汉铁路工会工人代表刘监堂等人作了报告，被杀害的工人运动领导人、中国首位"劳工律师"施洋的夫人作了发言。之后，与会的各界代表纷纷上台演讲，对军阀的残忍虚伪进行了揭露和痛斥，对殉难烈士表达了崇敬和怀念之情。

李子洲参加追悼会归来，心情久久不能平静。京汉铁路工人大罢工中，广大工人阶级有信仰、有正气、有纪律，面对强大的敌人，他们以劳工神圣为理念，舍生忘死的斗争精神，再一次让李子洲意识到：要争取穷苦人的生存，就只有唤起全国工人阶级对付敌人，只有斗争之一法，舍此更无他道。

夜很深了，李子洲还是无法入睡，他披衣坐起，挥泪提笔写下了《施、林及"二七"被害诸烈士追悼会有感》的挽诗：

阶级战争开始了
我们平民阶级的先锋已被敌人戕害了

我们站在后线的人啊

鼓舞起奋斗的精神

拿定了牺牲的决心

手枪、炸弹

前赴、后继

争我们最后的胜利

那才对得起为我们牺牲的诸烈士

我们站在后线的人啊

要知道最后的胜利总是属于革命的平民

为革命而死的人，虽死犹荣

勿愁不能成功

勿惧牺牲性命

手枪、炸弹

前进、冲锋

杀尽那无恶不作、祸国殃民的军阀

才能使社会平等

那才算得血性男儿

我们站在后线的人啊

懦弱者的徽号不好听啊

如若是甘心受人压迫

永远为人所屈服

能兑了懦弱者的讥诮吗

我们站在后线的人啊

诸烈士的担子移到我们的肩上了

诸烈士的成功与失败

全看我们的进退

前进

前进

一起前进

完成他们——诸烈士——的工作

争我们的自由幸福

前进

前进

一起前进

　　3月下旬，北京各界为了反对帝国主义侵略，强烈要求北洋政府按约收回被日本占领的旅顺、大连。为了声援群众的斗争，揭露帝国主义的侵略行径，李子洲在《共进》上发表《澄清内政运动中的外交问题》一文。此外，还先后撰写了《陕西师范学校应革新的几点》《释教育的意义》等文章，在《共进》上发表。

1923年夏，李子洲在北大取得哲学学士学位。中共北方区委和李大钊经过慎重考虑，鉴于李子洲在马克思理论方面的研究比较全面深刻，特别是他经历了革命实践的磨砺和锤打，具有很强的组织能力和执行力，决定派他回到故乡陕西开展党的活动。

04 初心如炬撒火种

榆林中学显身手

经过 7 年多北大校园国学大师的精心培养和革命风雨的洗礼，1923 年夏天，李子洲圆满完成学业，就要回到家乡报效国家和人民了。他把落脚点放在了三原渭北中学，因为这里的校长郝梦九是他北大的同学，共进社的会员，曾一起参加过学生运动的战友。郝梦九一直都在力邀这位"共进社大脑"加入渭北中学，再次同他并肩战斗。

郝梦九任职三原渭北中学校长后，积极进行教学改革，大力推广新文化，学校里的革命氛围比较浓厚，还发展了许多共进社会员。李子洲欣然来到三原渭北中学，正是因为有熟悉的环境和志同道合的人。他一上任，就同郝梦九校长一起继续推进教学改革。课内组织学生讨论交流、启发思考问题；课外组织读书会、演讲会等，阅读进步书刊和马列著作，宣传马克思主义，同时开展共进社的活动。很快又发展了一批共进社的新会员。

就在李子洲到渭北中学工作不久，他又接到榆林中学校长杜斌丞发来的聘书。榆林是李子洲的故乡，并且在一年前，陕西当局拟成立省立第四师范学校选址时，李子洲曾专程找到榆林中学校长杜斌丞，恳请他以自己在教育界的威望和影响力，说服陕西当局把第四师范学校的校址落定在绥德。此次接触，李子洲给杜斌丞留下的深刻的印象，他没想到一个年轻人，造福桑梓的情怀如此深重，看待问题如此深刻，指出的症结一针见血，而且谈吐稳重得体，态度诚恳谦逊，不禁内心啧啧称奇，觉得李子洲是个人才。所以，当他听说李子洲毕业回到了陕西，就立即下了聘书，请他到榆林中学执教。

郝梦九得知榆林中学要请李子洲去任教，心中有些难舍。于是找到李子洲力劝挽留。他说道："子洲，自你来到渭北中学后，学校的改革向前大跨了一步，师生的精神面貌都发生了显著变化，大家都希望你在此多留些时日，都舍不得你离开呀！"

李子洲诚恳地说道："榆林是我的故乡，我在上私塾时曾发过誓，等我完成大学学业之后，回到家乡去教那些上不起学的穷人的孩子读书。陕北的教育、文化、革命形势相对关中地区都要落后得多，我也是很想回去，尽我的一点微薄之力呀！"

郝梦九十分了解李子洲的志向和情怀，也理解他此时的心情。于是说道："完成这一学期我们既定的目标，等来年开春，你就去上任！"

李子洲听后十分感动，紧握着郝校长的手说："感谢老同学的理解！我虽回到榆林，但我们还在一个战壕里战斗啊！"

李子洲只好回复杜斌丞，把赴榆林中学任教的时间推迟到第二年春天。

第二年春，李子洲与郝校长交流完新学年的工作重点，然后就准备到新的地点去上任了。他依依不舍地告别了郝校长和他喜欢的渭北中学，骑着骆驼向榆林中学走去。虽是春天却仍带有寒意，骆驼的脚步从容而坚定，正如李子洲此刻的心境。他望着黄土高原上的沟沟壑壑，见到破衣烂衫的陕北农民，回想这些年国家的动荡不安，一种无形的责任压在了心头。傍晚时分，李子洲才到达榆林的城外，看着高大的城郭在落日余晖的斑斓中诉说着无尽的沧桑，四周漫天的黄沙，用千百年的时间一点点掩盖了这座塞上明珠、天下雄镇的光辉。虽然如今残败凋敝，但他还是能想象得出古书上对这座城"崇台霄峙、秀阙云亭、千榭连隅、万阁接屏"的描述。

行至榆林中学校门外时，天已经完全黑下来了，杜斌丞校长和另外几个随从挑着灯笼还在门外等候。见到李子洲到来，杜校长连忙迎上前去拱手说道："终于盼到你来啦，欢迎！欢迎啊！"

李子洲翻身下了骆驼，快步走上前紧紧地握住杜校长的手，激动地说："怎能劳您大驾，小弟实在是受宠若惊了！"

陪同的人对李子洲说："杜校长这是第二次来接你了。一听说你要来，他在屋里就是坐不住。"说完，大家都哈哈大笑了起来。

杜斌丞是一位曾被周恩来称为"革命的教育家"的人。他比李子洲大 4 岁，1917 年从北京高等师范毕业后，回到偏远落后闭塞的家乡陕北榆林中学任教，1918 年担任校长。榆林中学是陕北 23 县仅有的一所中学，一直延续着传统的教学方法。学生们还在读经尊孔，背诵之乎者也，校内风气食古不化。杜斌丞担任校长之后，决心对教育制度和教学内容进行革新。他自己筹措经费扩建校舍，购置新式图书和科学仪器，推广北大校长蔡元培的教育思想，提倡"循思想自由原则，取兼容并包主义"的理念，增设了许多新课程，向学生传播新文化。

杜斌丞求贤若渴，深知名师才能出高徒，不惜重金聘请杜斗垣、李鼎铭等学识渊博且在地方上有声望的名师任教，还从北京聘请思想进步的人士魏野畴、呼延震东、王森然、朱横秋等来校执教，讲授和传播新文化、中国革命和马列主义思想等。他聘请的教师都是 130 元的聘金，而他作为校长，只拿 50 元的薪水。

李子洲的到来让杜斌丞喜出望外，并立即委

以训导主任的重任。

李子洲十分重视教育，从小就立下"教育救国"的志向。还在北大读书期间，他就对陕西的教育现状进行过深入的研究和思考，并在《共进》杂志上连续发表了《陕西师范学校应革新的几点》和《释教育的意义》等文章。

他在《陕西师范学校应革新的几点》一文中，提出了"新学制"的建议，"中学为六年学制，后三年为专科教育，可以在合适的学年长度下培养出专门的师范人才。""减少每日授课钟点，以保证学生的身体精神能够应对学习，特别是有时间消化思考学习内容。"在"应授的功课与选课的规定"的建议中，他认为应该增加自然科学、社会科学、精神科学、应用科学方面的课程，具体应当设置初等代数、三角法、平面几何、矿物、世界近代史、学校管理、教育行政、乡村教育与复式教学法、外文。对国文则提倡注重文言文，但写作应以白话文为主，更是提出了要走出课堂进行参观和实践的要求。他还提出应该每一所学校都要建设图书馆和各科目的科学试验室。

而在《释教育的意义》一文中，李子洲对教育的意义的阐释犀利尖锐、切中时弊："办教育的人能把教育办得有效与否，不入歧途与否，全视于他对教育的意义见解而定。没有美满的见解，就不能收良好的效果。"

教育必须是广义的，而不能"笼统地给它下一个三言两语的定义"，"人多以学校教育为教育，其实学校教育是狭义的教育。从广义方面说，人自出生以至老死，家庭、社会都可算是教育场所，从那里就能得许许多多常识"。"教育不是一件简单独立的事体，是一个复杂的与多方面有关系的抽样名词。所以要明白它的意义，须从多方面合拢起来研究，才不至于有空泛弊病，一偏谬见。"否则，学校的"教育大有无从入手的趋向，自然不能有充满美好的效果。况且由广义的教育中所抽出来的原则用到狭义的教里边，多半是最妥善圆满的标准，所以要知道教育的意义，也应当从广义方面研究"。

李子洲在文章中深入浅出地阐述了对教育真谛的理解："人类能生活，能得知识技能，全凭有教育。教育就是生活，也就是人类的经验相传。""教育就象一只渡船，把人从无知无能的婴孩渡到有知有能的成人方面，若是人没有这只渡船，则该就陷于黑暗的绝地，永无生活的希望。""教育的发展知识，是继续不断的，而经验的增长也是一直往前"的，而不是一成不变的。

榆林中学，就是李子洲教育救国理想的试验场，他一步步地开始了他教育思想的实践。

李子洲除了是训导主任，还兼任国文老师。当时学校里没有统一的国文教材，全得靠老师自己选材编写。李子洲和另一位国文老师王森然一起，决定兼收并蓄，凡是古今中外的优秀文学作品都博采众长，他们编写了一套《现代文学精读》和一套《古典文学精读》。

《现代文学精读》中选编了鲁迅、陈独秀、李大钊、胡适等新文化运动名家的政论和文学作品，又选编了一些创造社的新体诗歌。《古典文学精读》则是从传统的古典文学宝库中，精选古代诗歌、散文若干名篇。李子洲和王森然对两套教材的每篇文章和诗歌都详加注释，经过精心编排、深刻解读后油印装订成讲义，作为国文课的教材使用。

李子洲和王森然两位国文老师用全新的风格教学，他们和学生在课堂上一起学习，时而开怀大笑，时而蹙眉思考。在操场上一起打球，在宿舍里一起啃着馍馍讨论问题。这一切，都让杜斗垣老先生看不惯。他先是对李子洲和王森然编写的教材不满意，认为国文课就应该是文言文，而不能用白话文；然后又对他们和学生打成一片感到不能接受。

　　杜斗垣是清末举人，被誉为陕北名儒，榆中的总教习，是一位十分受人尊敬、具有影响力的名师。杜老先生为人耿直，他直面李子洲和王森然两位年轻人，批评他俩"太带学生气"，"没有师道尊严"，"将会把学生引入歧途！"

　　李子洲和王森然知道杜先生虽然为人古板，但是并不迂腐，只是对新事物还不能接受。辛亥革命都已经十几年了，他还保留着辫子，内心还在怀念清朝，疯狂地反对白话文，学生背后叫他"老腐朽""猪尾巴"。

　　李子洲决定想办法做通杜老先生的思想工作。于是，他带着王森然登门向杜先生请教学问，每次都对他执弟子之礼。经过几次登门虚心请教，杜先生发现李、王二人国学功底深厚，特别是李子洲为人厚道，还出口成章，诗词歌赋信手拈来，王森然在书法、丹青方面堪称高手。这位一向自负饱学之士的杜老先生，忽然对这两位年轻的后生刮目相看了，并由衷地赞赏道："真没想到你们二位国学根基如此厚实，又会通中外，实在佩服！"

从此，杜斗垣先生对新文化运动也十分感兴趣，他开始阅读白话文小说、诗歌、散文。以至后来，杜先生也在课堂上开始讲授一些带有民主色彩的文章。他还写了一篇著名的《讨倭寇檄》文章，一时广为学生传诵。不仅如此，杜斗垣还参加了由李子洲、王森然组织的马克思学说研讨会，与李子洲、王森然、呼延震东、刘志丹、武开章等会员一起学习和研究马克思主义学说。

榆林中学的国文教学任务十分繁重，李子洲和王森然每人每周都要上24个小时的课，批改120多篇作文。他们备课认真，批改学生的作业更是一丝不苟，每天都要熬到半夜三更。那土窑洞里彻夜的烛光，虽然微弱，但是它照亮了榆中青年学子们前行的道路，照亮了陕北革命前夜的黑暗。在李子洲和王森然的教育影响下，一批信仰马列主义的学生茁壮成长起来，其中就有刘志丹、谢子长、霍世杰，他们后来都成了中国革命的功臣、民族英雄。

1924年夏，榆林中学丁级学生阎揆要、杜聿明、李波涛、白自成等60多名学生就要毕业了。他们都是五四运动后入学的，受新文化运动的影响和学校老师的教导，立志为中华崛起而奋斗。一天，他们找到李子洲和王森然老师，提议要在榆林的风景名胜地红石峡的崖壁上刻下"力挽狂澜"4个大字，一是以作纪念，二是感谢榆林中学对他们的教育和引导，立志为民族的振兴而奋斗。李子洲和王森然听后，觉得这个建议非常之好，是激励学生们奋进的好形式，立即表示支持。

李子洲鼓励道："我们的国家和民族都处在要奋发自强之际，我辈青年人就应该投身国家的建设和变革之中去，要有力挽狂澜的气概去救国家和民族于既倒！"

不久，由督学崔焕九书写的"力挽狂澜"4个颜体大字，镌刻在了红石峡的崖壁上。这是陕北苍茫大地上，一代有志青年立下的豪情壮志。

榆中 60 多名丁级学生，没有辜负学校对他们的培养和期望，他们胸怀力挽狂澜之志，奔赴各自的人生疆场。若干年后，谢子长成长为中国共产党陕北红军和陕北苏区的主要创建人之一，阎揆要成长为中国共产党的高级军事将领，杜聿明成为国民党高级军事将领和抗日名将。

在杜斌丞和李子洲等人的精心打造下，榆林中学就像孵化有志青年的革命摇篮。丁级学生毕业走了，一批又一批的优秀学子走出榆中，刘志丹、曹力如、王子宜、霍世杰、柳长青等相继从这里毕业后，走上了革命的道路，为中国革命作出了杰出的贡献。

"四师"改革创奇迹

李子洲和杜斌丞在榆林中学的教育改革和马

克思主义宣传开展得轰轰烈烈、如火如荼，培养了一批又一批的优秀学子。而新成立不久的绥德陕西省立第四师范学校（以下简称绥德四师）却是死寂一般的景象。时任绥德四师的第一任校长高竹轩，与延安四中的第一任校长黄午亭，被 1926 年 2 月 20 日的《京报》这样描写道："高黄二人，俱系前榆林之腐儒，对于教学既毫无知识，而能力薄弱，尤为社会一般人及学生所不满。"

当初，杜斌丞和李子洲为这所师范学校定址在绥德，他们上下奔走、四处陈情才得以成行。当他们看到中华大地处处燃起教育改革之火时，绥德四师却被高竹轩整成这样的面貌，实在让他们痛心不已。

1924 年夏，高竹轩因私自扣发学生的服装费中饱私囊，激起了学生们的不满。师生们向教育当局告发，高竹轩最终被撤职。榆中校长杜斌丞趁机力推李子洲去接任。

8 月，李子洲走马上任。在新学期的开学典礼上，李子洲郑重向全校师生宣示："本人接办绥德四师办学的目的，就是培养新的师资，改变落后面貌，要用科学的马克思主义思想教育学生，唤醒工农劳苦大众，一起改造中国，进行革命，建立人类最科学最美满最理想的共产主义中国。"同时，他严肃地向学生提出要求："求学勿忘革命，革命勿忘求学。如求学而忘革命非真求学，革命而忘求学非真革命。"

为改变绥德四师师生精神不振的旧面貌，李子洲首先采取的措施就是把教学内容中的封建糟粕全部剔除，换之以《共产党宣言》《马克思主义浅说》《共产主义 ABC》《社会主义浅说》等马列主义著作，作为人人必学的课程，并以反迷信、反唯心主义、反保守，提倡唯物史观、科学人生观、宇宙观为提纲，精选古今中外名家的文艺著作、经典原文、经典要义以及马恩列原著摘录为内容，亲自编写了整套的国文课讲义。

在李子洲的倡导和带动下，学习马列主义在绥德四师教员和学生中蔚然成风。年轻的学生们被马列主义的指路明灯照得心通亮，他们不仅在课堂上专心致志地听讲，课余时间也手不释卷，如饥似渴地阅读马列主义书籍。

为把学校办成一个传播新思想和新文化，尤其是培养一代新人的教育基地，李子洲抓的第二件事，就是组建一支有力的师资队伍。他决定把北京大学作为人才引进的"源头活水"，亲自前往北京向北大蔡元培校长请求支援，并在《北京大学日刊》登出了招聘启事，延揽高才生来绥德四师执教。

李子洲还拜见了自己的导师、中共北方区委书记李大钊，请求派几名共产党员到陕北开展中共组织的发展建设工作。

李大钊对李子洲的工作极为满意，积极协助招聘和人员的安排。云南籍人士王懋廷、王复生弟兄二人和关中籍人士田伯荫、韩述勋等人被安排到绥德四师任教并开展党的工作，还聘请了杨明轩为教务主任，常汉三为训育主任，组成绥德四师新一届改革领导班子。

随后，李子洲又相继聘请了何寓础、罗端先、常士杰、蔡南轩等优秀青年来校执教。在他的主持下，绥德四师很快成为陕北最早传播马克思主义的主要阵地。

为使学校的教学和生活秩序尽快走上正轨，李子洲仿效西方和日本学校的管理制度，制定了适合本校特点的《陕西省立第四师范学校组织大纲》《校务会议规程》《教务会议规程》《教育会议规程》《事务会议规程》《各课（股）办事总则》及《各课（股）办事细则》《校务会议议事细则》《学生请假规约》《教室规约》《食堂规约》《大门规约》等十几项规章制度，实行有教职员工代表和学生代表参加的民主管理制度。

当李子洲看到一批朝气蓬勃的师资队伍建立起来后，他儿时的梦想再次涌上心头。为使更多的学生有受教育的机会，经请示省教育局同意，他把一年一次的招生制度改为春秋两季招生，对贫困家庭的有志子女实行免费或半费就读。

随着招生季的到来，前来报考的寒门子弟越来越多。1925 年 2 月，神木县有 5 名学生赶来投考，考试结果公布后，有两个考生未能考上。这天，5 个孩子一起找到李子洲，一见面，都齐刷刷地跪在李子洲面前。那没考上的两个孩子哭诉着说："校长，留下我们吧！我们没脸回去见爹娘

了啊!"

李子洲赶紧扶他们起来,一问才知道,他们都是穷苦人家的孩子,走了七八天的路赶到绥德来报考,来的路费也都是借的。

李子洲安慰道:"你们远道来求学,精神可嘉,我们非常欢迎。但考试成绩已经公布了,我不能对你们搞特殊,不然有失公平。这样吧,你们先找地方住下来,互相帮助补习一下功课,开学前再补考一次。"

过了两天,李子洲特意找到这两个落榜生住的地方,还带了一位老师作辅导。在开学前的补考中,这两个孩子都顺利地通过了考试。

陕北农村的教育事业十分落后,不少地方整个村子的人都是文盲。少数村庄虽办有私塾,也只收地主和富人家的孩子。私塾的教学内容和教学方法还停留在死记硬背古典经典上,有的老师不过是"以其昏昏,使人昭昭"。

逢年过节,无论穷富,家家都要贴对联以增添节日的喜庆。但有的地方十里八村也找不到一个会写字的人,有的人家就只能用碗底蘸上锅底灰,在红纸上印上几个圆圈贴在门两旁充个数。那些心灵手巧的姑娘婆姨们，剪个花鸟鱼虫的窗花贴一贴，也就是最好的节日装饰品了。

为改变这种现状，李子洲号召绥德四师的师生们，利用寒暑假时间走出校门，到偏远农村去开办夜校，帮助农民学知识。同时，改造农村良莠不齐、五花八门的私塾，对私塾先生进行宣传教育，灌输新文化理念，把学校编写的实用教材送给他们，师生们以身试教地帮助他们改进教学方法，还苦口婆心地规劝他们不能打骂体罚学生。

绥德四师的师生到农村开办夜校，开展义务教育，受到穷苦农民的极大欢迎。农民上夜校的积极性都很高，无论老幼，早早地就吃了晚饭，翻山越岭地赶到夜校去上课。有的村庄农民多，李子洲就把他们分为少年组、青年组、成年组，分类施教。教授的内容也因地制宜，结合农民的迫切需要，学以致用，包括教识字、学写字、算算术、打珠算等，同时给他们讲一些外面的形势和故事。

当时，绥德县城里仅有两所小学，学生不过200名左右。绝大多数穷人家的孩子仍然不能上学。李子洲和杨明轩、常汉三商量后决定，在绥德四师开办一个平民学校，对所有想上学的孩子们开放，实行免费教育。这一举措深得穷苦民众的拥护。

平民学校设在高家祠堂，共有50多个学生，编成两个班。李子洲从绥德四师的学生中选派4名共产党员作为固定教员，同时鼓励其他师生轮流到平民学校来实习和参加社会实践。

李子洲对平民学校的工作十分重视，经常来听课。课后，还找学生们聊天，了解他们的学习及家庭情况。无论是绥德四师的教育改革，还是创办农民夜校和平民学校，都是蕴藏在李子洲心中已久的实施教育救国的多年夙愿。

绥德四师的教育改革虽然大刀阔斧，但其教书育人却是润物无声。一种良好的学习风尚、社会风尚、人际关系在绥德四师逐渐形成，整个学校如同一个小小的世外桃源。

更可喜的是，绥德四师开展的新文化运动在绥德和榆林地区迅速传播开来，陕北大地出现了生机盎然的新气象。绥德四师的师生们更是如同久旱逢甘霖一般，受到新文化的滋养，开始接受马克思主义思想，积极向共产党靠拢。中共北京区委批准由李子洲、王复生和王懋廷组成陕北区委工作小组，指定李子洲和王懋廷为直属特别通信员，在陕北建立和发展中共组织。

1924年年底，中共绥德四师小组建立，这是陕北的第一个基层中共组织。有了党组织，党员队伍也随之扩大。1925年年初，中共绥德四师小组改为中共绥德四师支部；同年春夏之交，中共绥德四师支部扩建为中共绥德特别支部（简称中共绥德特支），下辖绥德四师支部、榆林中学支部、李象九部队支部。1926年6月，经中共北方区委批准，中共绥德地委和共青团绥德地委成立，统一领导陕北各地的党团组织和革命斗争。

中共组织的建立和发展，点燃了陕北革命的星星之火。至1926年冬季，第四师范学校在李子洲领导下培养出来的400余名学生中，80%的学生加入了党团组织。她像革命的火种，迅速播撒到陕北各地及毗邻省份，北至府谷，南至宜川，西至银川，东至山西汾阳。

李大钊与李子洲的相逢，造就了北京大学与绥德师范历史性地交汇，才使北方革命的火种得以从北京传播到陕北，绥德四师抓住了历史的机遇，创建了陕北最早的中共组织，最终成为整个西北革命的策源地。

05 男儿何不带吴钩

"到军队中去！"

  随着领导陕北革命实践经验的丰富，李子洲对中国革命的形势发展越发认识得清醒，对中国乡村的现实越发认识得清楚，在这个半殖民地半封建社会里，农民们要想翻身、无产阶级政党要想执政，只有斗争、斗争、武装斗争，才能推翻压在自己头上的三座大山。

  李子洲对绥德四师的学生们提出"到民间去，开展农民运动"的口号。绥德四师的党团员和革命青年，积极响应地委和李子洲的号召，组织起宣传队，他们脱掉长袍，穿着粗布衣裳，下到田间地头，走进窑洞和农民一起下地，收工后坐在窑洞的炕头上和他们谝闲传。晚上则给当地百姓搞小型的演出，用说书、活报剧等形式宣传革命道理、普及文化知识。

李子洲还意识到以革命的武装反对反革命的武装，是无产阶级革命取得胜利的唯一出路。李子洲是较早重视武装斗争、开展兵运工作、培养军事人才的早期革命领导者之一。1924—1928年，李子洲无论是任绥德四师校长、西安中山学院副院长兼总务长，还是负责中共陕甘区委组织工作、中共陕西省委组织和军委等期间，都非常重视军事指挥人才的培养。他曾先后派遣李象九、谢子长、刘志丹、马明方等近百名党团员，进入国民党驻军、军官学校学习军事知识，开展兵运工作，发展革命武装力量。

1925年夏，李子洲接到中共北方区委来信，要陕北派人去黄埔军校学习，李子洲首先想到的就是榆林中学学生会主席刘志丹。1923年，刘志丹慕名去北大拜见李子洲时，在吉安所左巷李子洲的寓所里，他们两人就一起学习过列宁的《国家与革命》一书，并深入探讨过关于武装斗争的问题。

李子洲离开榆林中学后，刘志丹于 1924 年加入了社会主义青年团支部，成为榆林中学第一批团员；1925 年榆林建立了党的特别支部后，刘志丹随后就加入中国共产党。李子洲找到刘志丹，对他说："要出去见见世面，咱们不能把目光只放在榆林和陕北二十三个县，要开阔眼界，一定要增加军事知识。想要打倒军阀井岳秀，想要在陕北开天辟地，光搞学潮远远不能成事，必须要有咱们自己的军队，而且要学会带领、掌握军队，你这次去，一定要学会训练和指挥军队。"

还有一位也是榆林中学的学生——谢子长，他于 1922 年从榆林中学考入太原学兵团学习军事，1923 年从学兵团毕业后，到北京、天津等地进行了广泛的社会考察，并在北京结识了魏野畴和李子洲，接受了马克思主义思想，实现了他人生道路上的一次飞跃。1924 年，谢子长回安定县（今子长县）办民团，任团总。同年又赴天津、北京参加反帝斗争，加入了进步青年组织"共进社"。1925 年，谢子长在北京经白超然、白志诚介绍加入了中国共产党。受中共北方区委和李大钊派遣，回到陕北，到绥德与李子洲取得了联系。李子洲对谢子长说："你还是回安定去，办你的民团，发展军事力量，将来会大有用武之地的。"

刘志丹、谢子长、李象九、白明善，无一例外，都是李子洲的学生和经他发展指引的党员。李子洲积极支持他们进入军队并开始在军队中发展革命力量，延揽革命人才，积蓄革命力量。在陕北的武装力量里，李子洲注意到陕北国民军总司令井岳秀部有一个叫石谦的军官，具有进步思想。他出身贫寒，为人性情豪爽，十分同情穷人，从不让自己的部属欺压百姓。因为骁勇善战，一路被擢升为团长。李子洲经过仔细打听，了解到石谦与井岳秀早有龃龉，彼此之间心生嫌隙，就想通过做工作把石谦争取到革命阵营中。

李象九此时也正在石谦部队里搞兵运，他和石谦同是白水乡党。李象九早在1921年8月听说中国共产党成立的消息后，就兴奋地跑到北京，求见李大钊和陈独秀，求教救国救民的道路。在李大钊的影响下，他开始认真学习马列主义学说，了解共产党的革命主张。在北京时，他就寄居在吉安左巷李子洲的寓所里，李子洲像兄长一样照顾他的生活，带着他学习马克思主义和进步书刊，加入了陕西学生进步团体共进社并担任基金委员，他们在吉安所的矮小破旧房屋里结下了亦师亦友的情谊。1921年年底，李子洲动员他回陕北搞兵运。他在瓦窑堡拉了数十人，配备了枪械，到黄龙山从事保商保民活动，从此走上了革命道路。1924年秋，李子洲任绥德四师校长后，李象九经常到绥德，和李子洲来往密切，经魏野畴、李子洲介绍，李象九在绥德加入中国社会主义青年团。

1924年，李象九归到石谦的部队。石谦此时已升任营长，李象九则在安定县任警佐。李子洲安排李象九开始影响并争取石谦。1926年，石谦升任团长，委任李象九为第3（补充）连连长。这一年，李象九也由共青团员转为中共党员。他在连队建立了团的特支和中共特支，任中共特支书记，特支受中共绥德地方执委会领导，同时受中共北方区执委会和豫陕区执委会军委指导。石谦的部队中，共产党的组织建立起来后，革命活动也开展起来，整个部队都渐渐地倾向革命了。

此时，谢子长正在安定县的民团任团总，按照李子洲的指示，在民团积极发展共产党员，把这支地方武装掌握到共产党的手里，他协同李象九在安定县石谦团的驻军中开展兵运工作，搞得如火如荼。到了1926年春，李子洲感觉时机比较成熟了，他让李象九上报石谦并井岳秀，将谢子长的安定民团改编为石谦旅4团3营12连，谢子长任连长。李子洲指示李、谢二人在该团秘密发展中共党员，建立中共特别支部，对士兵进行政治文化教育和军事训练。李、谢二人从教士兵学习写家信开始教他们文化，生活中也处处关爱士兵，还提倡大家自己动手做鞋子，常常搞各种爱民助民的群众工作，在点滴中宣传平等、民主、爱民的思想。李、谢部队内部团结友爱、士气高涨。

　　李子洲得知这些情况，非常高兴。他从李、谢所带的部队中的革命势头，看到了对旧军队进行改造的可能，走这条途径，陕北的革命军事力量的建设就有希望了。

　　李子洲立即从绥德四师的教员中选了共产党员李瑞阳去石谦部当文化教员。临走前，他把武装

力量对革命未来的重要性一一讲解给李瑞阳，叮嘱他到了部队后，要注重发现人才、培养人才，发挥骨干作用。他说："我们一定要把军队抓过来，使其成为党的武装。李大钊同志指示我们，军队中党的工作要从中下层做起。发展中共党团组织，尤其要注意那些年轻的班排长和士兵。咱们山区，不穷不会去当兵，当了兵也只知道混碗饭吃而已。这些青年人思想比较单纯，容易觉悟过来。此外，还要处处注意群众关系，把军队和群众关系融洽起来，把以往军人欺侮群众，群众痛恨军人的风习从我们开始，好好改一改。目前在中国做不到这一点，就谈不到革命！"

李瑞阳听后都深深记在心底。他刚到石谦部任文化教员的时候，刚好榆林中学的阎揆要从黄埔军校毕业到石谦部任军事教练，他们一起开始争取士兵，着手进行发展组织和培养党员的工作。他们经常和士兵们吃住在一起，谈天说地，有时就会问："你大你妈这么下苦，为甚还这么穷？""为甚地主有钱就可以在村子里说了算？"有的士兵说："自从盘古开天地，就是富人有理。"有的士兵说：

"命嘛，我家命不好。"李瑞阳和阎揆要就开始深入浅出地给士兵们讲解《马克思主义浅说》《共产主义 ABC》，给他们念《新青年》《共进》杂志上的文章，慢慢地让士兵们接受革命思想。

在李子洲和陕北中共组织的领导下，石谦部队的党的工作搞得有声有色，成效显著。李子洲经常亲自前往石谦的部队中，去做演讲，他给士兵们讲道："中国共产党就是要组织领导中国人民打倒帝国主义，打倒军阀、官僚、地主，推翻整个旧社会，让穷人翻身做主人！谁说咱们就是命不好，是穷命。只要团结一心干革命，就能挖掉穷根，就能盘古再开一片新天地！"

李子洲特别强调党在石谦部中的工作要与民众运动结合起来，让军队做群众工作，帮助农民成立自治组织——农民协会，支持他们反对土豪劣绅，在群众工作中又改造了旧军队搜刮民脂民膏的恶习，使之真正变成革命的队伍。

谢子长的连队驻扎在安定县，他们和当地学生一起组织讲演团或宣传队，教群众识字，宣传禁止鸦片和帮助乡村贫苦农民抗税。谢子长还在安定开办农民讲习班，吸收许多贫苦农民参加学习，并从中培养和发展了一批共产党员，后来都成了农民运动的骨干。

随着连队里士兵思想觉悟的不断提高和共产党员人数的与日俱增，连队里也如同绥德四师一样，充满了积极向上的氛围，官兵上下关系融洽，大家都讲究艰苦朴素，自己缝衣做鞋，拒绝吸食鸦片和喝酒。反倒是唱歌、演新戏和各种体育运动渐受欢迎，旧军队吃喝嫖赌的恶习逐渐被克服。谢子长的部队从不抢掠百姓，生活不免有些清苦，为了改善士兵生活条件，谢子长就变卖自己的家当补贴到伙食上，这一举动让士兵们非常感动。连队还组织了士兵自治会，举办俱乐部，提倡民主和官兵平等。

过去，民间俗语说："好铁不打钉，好男不当兵"，老百姓见了当兵的唯恐避之不及，特别是井岳秀的那些军阀土匪兵，明火执仗地偷抢，无恶不作。而在以共产党为主导的李、谢等营连队，却是完全不同的宗旨和作风，为群众谋利益、做好事，这让当地百姓渐渐改变了对军队的看法。他们说：

"不是军队都很坏，还要看是谁来领导。"

一年多时间内，石谦部的5个连长，100多名士兵加入了中共组织，特别是李象九、谢子长等的营、连，基本上改造成为一支主体上是党领导的、受过革命训练并开始与群众有了联系的革命武装。在李子洲的领导下，陕北地区党员人数迅速增加，成为这一时期全国党员人数增加最快的地区。

1927年春，陕西的大革命进入了高潮，井岳秀部被改编为国民军联军第9路军，石谦升任步兵第6旅旅长，李象九升任该旅2营营长。李象九与谢子长在部队中进一步发展壮大中共组织，有些连队的班、排长全部由共产党员担任，士兵中亦有相当数量的党团员。李、谢的革命思想对石谦也有较深的影响，使其更进一步地同情革命、倾向革命。他从睁一只眼、闭一只眼，不过问、不干涉，进而到同情革命、支持革命。甚至在他给士兵训话时，也常是革命二字不离口。石谦的这些动向被井岳秀的亲信吹风吹到他的耳边，井岳秀遂怀恨在心。

筹建中共陕甘区委

　　1926 年 11 月下旬，李子洲接到中共北方区委的通知，委派他去西安负责筹备成立中共陕甘区委的工作。任务非常紧急，李子洲迅速安排了手头的工作：一是为巩固在石谦部的工作成果，李子洲又派出杜衡、冯景翼等到石谦部任职；二是安排常汉三继任绥德四师校长；三是对中共绥德地委的各项工作做了妥善部署。

　　在李子洲启程这一天，绥德四师举行了隆重的欢送会，杨明轩、田伯荫、蔡南轩、韩述勋、常汉三、王兆卿、白如冰、朱侠夫、李景林、张达志、贺晋年、高光祖、贾拓夫、常黎夫等教员和学生与李子洲洒泪挥别。

　　李子洲于 11 月底赶到西安，这时的关中地区，中共组织的力量还很薄弱，又经 1926 年 4 月至 11 月的 8 个月的围城之战刚刚结束，以杨虎城的国民军和西安市民付出巨大代价而取得胜利，但整个西安城已是千疮百孔、残垣断壁，军民死伤约5万人，由于围城，许多尸体就堆积在一起，整个城市百废待兴，举步维艰。

李子洲的任务是建立中共陕甘区委，但是周边数县的中共地方组织在西安孤城围困中都失去了联络。面对如此困局，李子洲下定决心，无论多么困难也要打开工作局面，趁着新旧军阀都没有控制西安的时机，把中共陕甘区委建立起来，把革命事业铺展开来。为尽快加强这些地区中共组织的领导，李子洲立即与魏野畴、黄平万、吴化之等组成中共党团联席会议，以此作为党的临时领导机关，与中共中央取得联系，以期迅速在西安打开一个新局面。

李子洲动员了围城之后已经退隐的杨虎城重新出山，有这样的革命将领掌控西安，李子洲、赵葆华、刘含初、魏野畴等共产党人齐心协力，于1926年12月至1927年1月，成立了国民军联军驻陕总司令部，开始了一系列革新工作。驻陕总司令部宣布废止陕西督办、省长制，取消陕西省议会，由驻陕总司令部统管陕西党政军大权。驻陕总司令部由于右任、邓宝珊分别任总司令、副总司令，魏野畴任政治部副部长，史可轩任政治保卫部部长，并任命杨明轩为教育厅厅长。有100多名共产党员和共青团员在各部厅担任工作。这下，整个陕西的革命形势立即明朗起来。

1927年1月20日至25日，国民党陕西省第一次代表会在西安举行，国民党临时省党部改为正式省党部，选举邓宝珊、甄寿珊、史可轩、李子洲、吴碧云、魏野畴等人为执行委员，选举冯玉祥、于右任、杨虎城等人为监察委员，井岳秀、常汉三等5人为候补监察委员。

在这次会议上，陕西的榆林、绥德、陵县、清涧四县选出的代表就有18人，一些共产党员也担任了重要部门的领导职务，如李子洲当选为青年部部长、魏野畴当选为宣传部部长、吴碧云当选为妇女部部长等。

1月，国民军联军驻陕总司令部任命井岳秀为总司令部副总司令兼第9路军总司令，井岳秀的军队被编为第九路军，仍驻陕北地区。同时，任命韩兆鹗为绥德县县长，张益为清涧县县长，梁海峰为米脂县县长，王卓儒为榆林县县长，田芝芳为吴堡县县长，张凤梧为安定县县长，郭长城为定边县县长。在陕北23个县中，有17个县的县长由新政权委任。

2月中旬，李子洲、刘含初等按照中共北方区委的批示，以国民党陕西省党部的名义创办了陕西《国民日报》，并以国民党西北政治分会的名义，在西安成立了中山学院筹备处。中山学院筹备处设在原西北大学，除在西北大学吸收了一部分比较进步的青年学生继续到中山学院学习外，筹备处还发出了启事和招生广告，由陕甘各地方中共组织选送来许多共产党员、共青团员和进步青年。不久，中山学院正式成立，刘含初任院长，李子洲任副院长。院部下设5个班，即农民运动、军事训练、组党、妇女运动、教育人员，其中农民运动班人数最多，约200人。

中山学院是为党和革命培养骨干的学校，学员们除学习学校开办的课程外，每天还进行军事训练，一律实行半军事化管理。中山学院结合课外教学，邀请共产党的干部和知名人士刘伯坚、邓希贤、杨明轩等人及苏联顾问乌斯曼诺夫和赛夫林等人来校作专题报告，以开阔学员的眼界，学习世界革命的先进经验。

同时，共产党人以国民党省党部和驻陕总司令部的名义，在西安创立一所中山军事学校，培养政治军事干部。当时，中山军事学校的领导都是共产党员，校长由史可轩兼任，副校长李林，政治处处长兼政治教官邓希贤，总队长由许权中兼任，刘志丹任政治教官。全校编有 3 个大队，学员有 700 多人，大都是共产党员、共青团员和国民党中的进步知识青年。学校课程设置有军事与战术、军事理论、野外作业、中国革命史、形势政治教育、政治经济学等。这所军事学校为中国革命培养出了一大批革命干部，一时被誉为西北的"黄埔军校"。

1927 年 2 月 25 日，由耿炳光、李子洲、曹趾仁、黄平万、吴化之、赵葆华等 10 人参加，在西安正式成立中共陕甘区委，统一了西北地区党的组织。李子洲终于以他特有的胆略、气魄、耐心、毅力，与其他同志一起，动员各阶层人民团结奋斗，完成了中共北方区委和李大钊赋予他的任务。为发展陕西革命的大好形势打下了基础，打开了局面。

中共陕甘区委由耿炳光任书记，魏野畴负责宣传，李子洲负责组织，亢维恪为农委书记，陈家珍为军委书记，又增补刘天章、杜衡为区委候补委员。3月中旬召开了中共陕甘区委第一次代表大会，出席会议代表共11人，代表着9个中共组织，会议开了3天，讨论制订了《目前工作计划》，研究了陕西中共组织的工作任务，提出党的工作原则是"工作集中""人才集中"，口号是"党到农村中去"。

为了适应形势发展的需要，会议决定进一步充实加强绥德、西安、渭南等地地委，新建榆林、延安、三原等地地委，还决定成立临潼、咸阳、兴平、岐山、乾县、旬邑等6个直辖区委的特别支部和属于各个地委领导的特别支部30多个，大力发展中共组织。

中共陕甘区委成立后立即领导了陕甘两省的革命斗争，由于当时陕西革命已进入高潮，陕西的革命斗争迅猛发展，成立了省工会、省农民协会、省妇女协进会、省学生联合会、省小学教师联合会、西北青年社等群众组织。

陕西的农民运动更是十分高涨，成为全国很有影响的省份之一。短短几个月时间，陕西的农民运动遍及60余县，农协会员达37万余人。李子洲提出的"党到农民中去"的号召，在很短时间内收到了实际效果，农村中一批贫困农民加入党的组织。

陕北的绥德、神木、葭县、清涧、安定、横山等县在中共绥德、榆林地委的领导下，都成立了总农会，所辖广大农村的农民运动风起云涌。

中共陕甘区委的工作卓有成效，整个陕西的城市和乡村，革命风潮席卷三秦大地。

正在此时，1927年4月12日，蒋介石发布密令："已光复的各省，一律实行清党。"发动了反革命政变，开始在全国范围内对共产党员和革命群众实行大逮捕、大屠杀。

北方奉系军阀也与蒋介石一起开始了对共产党人的血腥屠杀，4月18日，张作霖在天津、北京杀害了多名共产党人，4月28日，又绞杀了李大钊等20位革命者。惨案发生后，全国人民在中国共产党的领导下，纷纷开大会、发通电、游行示威，愤怒声讨蒋介石叛变革命、屠杀共产党员和革命群众的反动罪行。

陕西人民在中共陕甘区委和李子洲等的领导下，立即掀起了一系列声势浩大的反对蒋介石叛变革命的斗争，同时要求陕西国民军迅速出关，会师中原，反对蒋介石的叛变，彻底消灭反动军阀，打倒帝国主义，完成国民革命。

李大钊的牺牲，对李子洲来说是一个沉重的打击，他悲痛得几近晕厥。李大钊不仅仅是他个人的启蒙老师和精神引领，更是中国共产党的中坚人物，是中国共产主义事业的领路人，李子洲此时唯有将内心悲痛化作反抗的力量，继续李大钊未竟的伟大事业。

5月16日，李子洲敦促国民党陕西省党部向全省各级执行委员会发出十二号通告，陈述了李大钊等的遇难经过，揭露张作霖的罪恶行径，号召各级党部"必须郑重追悼此次死难诸同志，增加党员努力革命之决心，指明后死者的责任"，同时指示各级党部在追悼大会中说明此次事变的经过和意义，以及联共政策等问题。公告还明确提出打倒凶杀的主谋英、日帝国主义，打倒帝国主义的走狗、刽子手张作霖。

与此同时，李子洲与魏野畴等又以中共陕甘区委的名义印发了《纪念红五月活动宣传大纲》。

通告和宣传大纲发出后，各地党部立即举行各种会议，进行追悼李大钊等烈士的活动。西安、延安、绥德、榆林、蒲城、三原、富平、旬邑、岐山、咸阳、临潼等地在纪念五一、五四、五五、五九、五卅等纪念日的同时，都进行了轰轰烈烈的反蒋斗争，声讨帝国主义和新旧军阀血腥镇压革命的罪行。

继蒋介石的叛变革命后，国民革命军第二集团军总司令冯玉祥倒向了蒋介石、汪精卫一边。

自 1927 年 6 月开始，冯玉祥和武汉的汪精卫（时任国民政府主席和国民党中央常委会主席）集团、南京的蒋介石集团联合，决定"清党反共，宁汉合作"，电令尚在陕西留守的国民革命军第二集团军总参谋长石敬亭，提出了3条反共原则：一、凡各机关如有共产党员，一律声明在本军范围内作为顾问，不许兼任其他职务；二、让共产党员即日声明脱离共产党；三、在本军范围内不许有违反三民主义之宣传。

李子洲面对形势的突变、敌人的屠杀，非常沉着冷静，他从世界革命的历史中知道革命是会有牺牲的、是会流血的。特别是自五四运动以来，各路军阀对革命的压制屠戮已经让李子洲变得无比坚强。他丝毫没有动摇，仍然在极其困难和危险的情况下开展工作，进行地下活动。

李子洲非常机智勇敢、随机应变。他总是更换工作地点、经常化装成不同身份职业的人出门，有时还手拄拐棍打扮成老年人，以防有特务跟踪。

寻找中央指明道路

1927年7月初，中共陕甘区委黄平万参加党的第五次代表大会后回到西安，但是因为形势严峻、环境险恶、联络不畅，区委无法召集代表大会，只能于7月10日夜间，召开了一次紧急会议。会议由李子洲主持，耿炳光向大家通报了外界形势和内部状况。在会议上，李子洲和区委决定：1. 由中共陕甘区委发出紧急通告，为了保存力量，以利继续战斗，各级中共组织及党领导的各群众团体、组织，暂时停止工作，听从中央命令。2. 主要领导人都秘密离西安暂避。3. 派李子洲到武汉向中共中央请示。4. 改组中共陕甘区委，成立陕西省委，并立即转入地下，继续领导陕西人民群众坚持革命斗争。选出耿炳光、李子洲、魏野畴等13名委员和5名候补委员。耿炳光任书记，李子洲任常委兼组织部部长，魏野畴任宣传部部长。5. 省委机关暂时秘密起来，即由北大街迁到红埠街9号，主要人员白天不出来，晚间活动。

在陕北，当时党能掌控和影响的军队，有井岳秀的石谦旅，杨虎城的第10军，甄寿珊师、史可轩领导的国民联军驻陕总部政治保卫队和中山军事学校。其中，政治保卫队和中山军事学校这两支军队中党团员最多、武器装备好，指挥员史可轩和许权中都是坚定的共产党员，也是训练有素的军事干部。冯玉祥多次试图令史可轩部开往潼关，想分而治之甚至消灭之。

这些力量都是李子洲亲自打造建立起来的，省委决定要保存这支重要的武装力量，为革命保留火种。李子洲和省委负责军事工作的魏野畴决定，让史可轩佯装执行冯玉祥的命令，将部队带出西安，向东开拔，先离开西安，在外围等候中央指示。

紧急会议后，李子洲安排省委有关人员迅速从西安撤离，但是国民日报社社长刘天章、总编辑白超然未及时离开，即被西安警备司令部逮捕，送往了开封监狱。

正是由于李子洲积极果断疏散了陕西省委，让所有干部尽快离开西安，深入农村乡野，暂时蛰伏，保存了大量有生力量。这一举动使陕西地区的革命干部损失相对较少。

陕西省委和李子洲暂时安全了，但是下一步何去何从，应该怎样开展工作，得不到中央的统一部署，李子洲十分着急。

7月15日，武汉汪精卫集团发起七一五反革命政变。同日，西安警备司令部按国民党反动派中央和冯玉祥的指令，提出"凡共产党人，共产党行为与一切宣传共产主义的各种印刷品和奇异口号，一律禁除，现已派员严密搜查，分别惩办，如有违反者以军法从事"。

石敬亭、岳维峻等人在陕西成立了国民党陕西省政府，大力"清党"反共。以共产党和国民党左派骨干为主组成的国民党陕西省党部被迫解散，国民革命军各部中的共产党员和苏联顾问被迫离开，中山学院和中山军事学校被迫解散，工会、农民协会、妇女协会、学生联合会等革命团体组织被勒令停止活动，《国民日报》被迫停办。

中共组织被破坏殆尽，李子洲心急如焚。7月20日前后，他打扮成商人，从西安出发，一路采取各种方法躲过盘查，后经转乘火车，闯过道道戒备森严的关卡，历经艰险，费时10余天，于8月初来到武汉。

到武汉后，李子洲才发现短短几日，形势更

加急转直下，武汉汪精卫政府也已公开叛变革命。在街上和各个交通要道上，到处都悬挂着通缉共产党人的布告，警察和便衣特务更是遍布各处搜查，许多共产党员和革命群众被捕杀害，局势异常紧张，一片白色恐怖。中共中央领导机关转入地下活动，李子洲一时无法与其取得联系。

在等待联络中央的这段时间里，李子洲在旅舍里认真地分析形势、总结经验教训，寻找下一步工作思路，他给中共中央写了《关于陕西工作开展问题向中央请示》。

这时，从陕西辗转到武汉的杨明轩、雷晋笙、邹均等人得知李子洲来到武汉，都聚拢到一起讨论陕西局势及请示工作。李子洲看到这些同志，非常激动，他鼓励大家遇到挫折的时候不能气馁，不能放弃，要继续前进，坚持革命。

李子洲给中共中央的《关于陕西工作开展问题向中央请示》主要提出了陕西省委一成立就面对严重的局势，工作处于停顿中，要求中央尽快制订下一步工作计划、给出对待冯玉祥和邓宝珊的策略态度、迅速配备得力干部等十分紧迫的重大问题。

从这份请示中我们可以看出，李子洲对工作大局把握之精准，他把军队工作放在了与反革命政变斗争的最重要位置上进行考虑，把争取陕西第2、第3军，争取邓宝珊反冯玉祥放在了首要位置上；还可以看到他对组织工作的杀伐决断，对有错误的同志十分关心，尽可能发挥其主观能动性，对有叛变苗头的人则要求快速从严处理，以绝后患。

8月下旬，中共中央领导人张太雷接见了李子洲。新的中共中央临时政治局常委瞿秋白，临时政治局委员李维汉、苏兆征等向李子洲传达了八七会议精神，和李子洲一起研究了陕西的工作，谈了许多看法。中央指示当前的工作重点是推翻冯玉祥的统治，号召民众、形成反冯势力，要组织农民、武装农民，将农民有组织地打进军队中，在主要县份组织武装暴动。

9月上旬，李子洲从武汉返回西安，此时陕西的局势又发生了突变。自李子洲离开西安去了武汉到再回到西安，已经将近两个月，史可轩和许权中的军队已经于7月中旬北上陕北，准备与石谦旅李象九营会合，发展革命武装力量。7月30日，部队到达临潼县康桥镇，拟向北前进，但这必须经过国民联军第二军田生春师驻防的富平县美原镇。史可轩早年和田生春交往甚密，便想利用此关系带领部队借道顺利通过并筹措一些粮食。为此，他只带着了数名警卫人员随行去拜访田生春。不料田生春事先已被冯玉祥收买，当史可轩一行进入美原镇，田生春下令关闭城门，将警卫人员全部缴械。当天夜晚，史可轩即惨遭杀害。这支军队北上陕北的计划由此落空，许权中临危担任旅长，带着队伍驻扎到临潼县的关山镇。几乎同时，李子洲在北大时的共进社同人、中山学院的负责人刘瀚章在宜君县他自己的家乡也被井岳秀派人杀害。

陕西形势的恶化，打乱了李子洲在武汉时对工作的周密设想。史可轩的牺牲、许权中部队失去了与邓宝珊、甄寿珊等国民党左派军队会合的时机，也失去了把这些队伍发展到己方的机会，中共陕西省委不得不重新考虑在陕西活动的新计划。9月26日，中共陕西省委在西安红埠街9号秘密召开了第一次扩大会议。

这次会议是中共陕西省委自大革命失败后召

开的一次重要会议，史称"九二六会议"。

出席会议的有耿炳光、李子洲、李子健、张金印（张慕陶）、张秉仁、蒲克敏、杜衡、何挺杰、张国藩（张资平）、陈嘉惠、潘自力、萧明及各路特派员、部分县委和共青团代表，共15人。会议开了3天，李子洲代表省委作了党务报告，耿炳光作政治报告。

这次会议还对大革命的失败开展了深刻的反思，省委领导们作了尖锐的批评与自我批评，检讨陈独秀右倾机会主义路线在陕西的影响。会议中共青团书记张金印等人对耿炳光在过去工作中的问题上纲上线，说他就是陕西的陈独秀，实行右倾机会主义，是投降派。

李子洲在这个问题上十分客观，他针锋相对地辩驳道："陕西省委过去工作的成绩是主要的，不能一笔抹杀。工作中受了陈独秀右倾机会主义路线的一些影响，这也是事实。比如一段时间对冯的斗争不力，但这有当时当地的历史条件、环境。工作有了缺点错误，不能由耿炳光一人承担，首先我也应负主要责任。"

李子洲在担任中共陕甘区委、陕西省委领导时，一贯强调开展批评要注意："第一，须顾及当时当地的事实，就是不要信口批评；第二，须正确，就是不要过火；第三，不可忽视主观力量，就是不要以为过去的党等于没有，狗屁不值。"

李子洲这样对待同志、对待工作中出现的问题，是符合马克思主义观点的。他分析形势冷静很客观，不脱离事情当时所处的时代环境，他总结工作成绩失误，也是本着实事求是的态度。在革命暂时遭到挫折与失败，处于低潮的时候，李子洲不仅坚定斗争意志，更是不急不躁、冷静沉着，充满革命乐观主义精神。特别是他对待同志真诚宽容，他对耿炳光的缺点、错误，从关怀爱护的角度出发，提出了善意的、恰如其分的批评。他对同志一片真心，开诚布公，肝胆相照。工作中发生错误，他主动承担责任，取得成绩，又都归功于集体领导。

在原本悲观慌张的氛围中，李子洲的发言让与会的同志们鼓舞起了胜利的信心，大家都衷心拥护，耿炳光本人也心悦诚服。会议在改选省委时，耿炳光提出自己不适于再担任省委书记，请求辞职，并建议选举李子洲为省委书记。

但是，李子洲认为职务是次要的，要紧的是为党工作，况且大敌当前，应以团结为重。他反复耐心地给大家做解释工作，终于说服了大家保持稳定的局面，会议仍选举耿炳光为省委书记，李子洲任常委、组织部部长和军委书记。

这次省委扩大会议之后，在中共中央领导下，陕西党组织开始了策略上的转变，逐渐把党的主要力量放在准备武装反抗国民党反动派方面来，使陕西的革命斗争与全国一样，发展到一个新的历史时期——土地革命战争时期。

省委扩大会议的决议指出："我们要在土地革命政纲之下，加紧农村中的阶级斗争，准备总暴动"，"我们的军事根据地，除去东南即以西北为重要，所以在西北培植革命的基础，是中国共产党目前的重要任务之一，更是党在陕西的重要任务。"决议要求，"在反冯（玉祥）的大前提下，我们对于一切反冯的势力都应有相当的注意和联络"，"积极培养我们的军队，积极地用各种方式武装农民，并予以简单适用的军事训练，保存农民的武装，必要时可上山"。决议号召"党到农村中去！""党到军队中去！"

霹雳一声暴动

　　1927 年 8 月 1 日，由中国共产党在南昌发动起义，打响了武装反抗国民党反动派的第一枪。9 月 9 日，毛泽东等领导湘赣边界秋收起义，开始走上一条在农村建立革命根据地，以保存和发展革命力量的正确道路，这是一条代表中国革命发展方向的正确道路。

　　南昌起义和湘赣边界秋收起义，给陕西的革命道路点燃了明灯，指明了方向。1927 年 10 月，陕西省委关于组织武装起义的决定传到陕北宜川、清涧、绥德等地，陕西省大革命失败后的首次武装起义——清涧起义，也已经在酝酿之中了。

　　李子洲从到陕北工作开始，就注重党在军队中的工作，他派出榆林中学和绥德四师的师生到部队担任教员，推荐学生投身军队，几年下来，中国共产党在陕北井岳秀的石谦旅中已有相当的群众基础。特别是石旅中的李象九等营连，已经基本上教育改造成为一支由中国共产党领导的受过革命训练的，开始和群众有了联系的武装力量。对于这样一支革命武装，井岳秀早有察觉，他的亲信们已多次在他面前告石谦的状了。井岳秀也早就把这支革命武装视为眼中钉，必欲置之死地而后快。

蒋介石、汪精卫相继叛变革命，屠杀共产党员和革命群众，陕北土皇帝井岳秀也迫不及待，开始痛下狠手，大举"清党"。

大革命失败后，中共陕西省委派省委军委书记魏野畴与唐澍、白明善、冯文江一行离开西安，北上陕北了解陕北中共组织的状况。魏野畴一行到了清涧县后，根据中共绥德、榆林两地地委遭到严重破坏、陕北的工作已陷入瘫痪状态的情况，派冯文江到绥德，任中共绥德县委书记，重建被破坏的党团组织，并负责与榆林、神府、三边各县党团组织进行联系。

魏野畴、唐澍、白明善3人则留在了清涧，

加强石谦部李象九营军特支的工作。魏野畴到清涧县不久，因他曾在榆林中学当过教员，国共合作时非常活跃，搞学生运动、组织演讲等。他在陕北很有名气，认识他的人很多。很快井岳秀就听说了这位中共陕西省委的主要负责人在自己的队伍中藏身，即密电石谦速将潜入李象九营的魏野畴逮捕起来。

石谦派人骑快马从宜川赶到清涧，立即通知李象九护送魏野畴离开。由于西安形势恶化，中共陕西省委已转入地下工作，魏野畴等省委领导人在西安早被国民党四处通缉。魏野畴审时度势，只好让唐澍、白明善留在李象九营继续开展兵运工作，自己则去往河南，投奔杨虎城。

石谦放走魏野畴，再次惹恼了井岳秀，他对于石谦与共产党之间的关系，其实早就心知肚明。井岳秀积极跟随蒋介石搞"清党"，曾密令石谦逮捕阎揆要、李瑞阳，石谦也是置若罔闻，不仅没有抓捕他们，还安排人把阎、李礼送出境到安全的地方。井岳秀对石谦三番五次拒不执行自己的命令早已怒不可遏，遂对跟随自己多年的石谦生出了剪除之心。

1927年9月5日是井岳秀50岁的寿辰，他特地发电邀请石谦，并且叫他务必来榆林。石谦途经清涧县城时在李象九营住了一夜，李象九、唐澍、白明善等认为蒋介石叛变革命后，井岳秀在陕北公开反共，采取的手段、措施都比较残酷，应当对井的反动面目有所认识，要防备他，并建议石谦找个借口返回宜川，静待观察，以防不测。石谦是井岳秀亲手栽培起来的，多年追随，不愿与井岳秀公开翻脸，石谦赶到榆林后，住在城内一间寓所，没过几天，石谦就在寓所内被一个谎称来送信的人枪杀了。井岳秀一面大张旗鼓地命令榆林城全城戒严，发出命令要捉拿刺杀石谦旅长的凶手。一面立即发电，委任驻宜川县石谦第6旅第2营营长、井岳秀的心腹康子祥为代旅长，主持全旅军务大事，以防部队有变。同时，井岳秀又密电安定县骑兵队的种宝卿，谎称石谦在榆林暴病而亡，要种宝卿在清涧、安定两地对李象九营和谢子长第12连严加防范。接着，井岳秀部师长高双成命令李象九营从清涧开赴延安，谢子长连从安定开赴立川接防，企图阴谋乘机各个击破，分而歼灭。

这时，陕北驻防的石谦部共产党员李象九、谢子长，与省委派去的唐澍、白明善等立即召开会议，分析形势，研究对策。

主持省委工作的李子洲立即指示：整编、接防都是井岳秀的花招，就是要借机消灭李、谢部队，他指示李、谢部队不能坐以待毙，应立即举行起义！

这便是著名的清涧起义。

李子洲指示迅速成立陕北军事委员会领导起义工作，唐澍任书记，李象九、谢子长、白明善为委员。陕北军委认真分析形势，研究对策，当机立断，因势利导，决定以"为石旅长报仇"名义立即举事。他们在清涧县城召开了党员大会和排以上干部会议。会上，唐澍、谢子长传达了省委和李子洲关于起义的指示，对起义作了具体部署。决定驻清涧的4个连首先起义，然后会合延川县的另一个连南下宜川与宜川其他3个连会师。

会后，李象九营官兵们十分激动，大家彻夜不眠，摩拳擦掌，严阵以待。10月12日晚，在

"为石旅长报仇"的呐喊声中，清涧起义爆发了。当晚，起义部队在清涧县缴获井岳秀部下杨衮私贩的鸦片数万两、骡子百余匹，还通过县长张友之向大商人筹集现洋20余万元。

10月12日凌晨，起义部队按计划南下与延川部队会合。一路上，起义部队士气高涨，他们一路行军，一路高唱由白明善创作的清涧起义军歌：

陕北有个害民贼，
名叫井岳秀，
甘做军阀奴。
纵杨衮，
杀名流，
罪属莫须有。
先打高双成，
活捉井岳秀，
志愿不遂，
目的不达，
誓死不回头！

起义部队纪律严明，对当地老百姓秋毫无犯，在当天下午抵达延川县城，与王有才连会合，当晚在老庄河宿营。14日部队继续向延长进发，15日下午抵达延长县城，经过激烈战斗，一举歼灭了敌驻军两个连和一个营部。

　　在延长取得胜利后，部队继续向目的地宜川进发。16日晚宿营云岩，17日下午到宜川，距县城不远就听到枪声不断，原来是驻扎在宜川的敌军知道清涧起义的消息后，采取了先发制人的策略，向宜川城内准备起义的3个连发起进攻，双方激战了一整天。李瑞成连、王振娃连正在同敌人进行激烈的战斗，敌军代理旅长康子祥看到清涧来的起义军已经兵临城下，就带领100多人弃城朝着延安方向逃跑了。起义军入城与李瑞成连、王振娃连会合，三支起义部队在宜川县城成功会师。会师时，加上沿途参加起义的共产党员和进步青年，起义部队共有1700多人，枪3000多支，辎重200多驮，形成一支实力相当可观的武装力量。

　　在宜川驻定后，李象九接任旅长，唐澍为参谋长，白明善为旅党委书记，同时对部队进行了整编，番号未改。6旅下辖3个营，1营营长谢子长，支部书记崔凤颚；2营营长韩起胜，支部书记王怀德；3营营长李瑞成，支部书记马培梓；旅部直属手枪连连长雷进财，骑兵连连长王宜生，学生队队长石介（石谦之子）。

随之成立了党的前线委员会，白明善任书记，唐澍、李象九、谢子长、韩起胜、李瑞成等为委员。军事设防布置为：李瑞成、王有才带两个连驻守虎头山，韩起胜、赵万德带两个连驻守凤翅山。白雨山第3连驻守七郎山。谢子长随营部驻守县城。

清涧起义让井岳秀十分震怒，暴跳如雷，立即在榆林召开师长、旅长紧急会议。井岳秀喊道："六旅三营李象九跟着共产党造我的反，把全旅人马都拉走了，占据了宜川。"并大骂康子祥："你这个笨蛋，连一个营都制服不了，让几个学生兵打败了！"

井岳秀在陕北苦心经营多年，清涧起义的枪声让他这个一直自以为是的"陕北王"清醒过来，气急败坏之下，井岳秀竟下令枪毙了六旅代旅长康子祥。同时，命令师长高双成调集 6 个营的重兵，合围进攻宜川，想一下子镇压掉起义部队。

敌人南北两路对起义军进行夹击，从兵力上讲，敌我众寡悬殊，起义军先后失陷了虎头山和凤翅山这两个重要的护城阵地。由于指挥失误，起义军受到了严重的损失，加之高双成在此情况之下极力煽动一些连长、排长叛变，起义军仅剩下 300 余人，不得不突围到韩城的西庄镇。李象九在此时接受了杨虎城留陕部队王保民的改编。按照省委指示，唐澍、白明善、谢子长等研究，决定率部再次举行起义，由唐澍、白明善、谢子长、阎揆要、白自强、史唯然等同志重新组成军委，公开打出了"西北工农革命军游击支队"的旗帜，唐澍为总指挥，白明善为政治委员，谢子长为副总指挥，阎揆要为参谋长，白自强为政治处长，史唯然等为大队长。

西北乃至中国北方大地第一次有了红军。这支队伍提出了"打倒贪官污吏""打倒土豪劣绅""实行土地革命"等口号，并书写标语张贴。起义军随后攻打宜川，但是因情报失误造成了重大损失，遂向西北方撤退。途中又遭到井岳秀的袭击。指挥不当，造成战斗失利，起义军两个营部被打散，辎重尽失，损失惨重。

1928年1月起义军北上，准备到群众基础比较好的清涧、安定一带开展游击战争。部队经过一夜80里的急行军，第二天拂晓时分到达宜川城下，分两路发起了攻击，其中一路突破城防。激战半天后，敌人的援军赶到，起义军撤出战斗。先向宜川东北靠近黄河的狗头山行进，因那里缺水，便又朝着西北方向行进。到了延川与延长交界处的交口镇，遭遇敌军的袭击，双方展开了激烈的战斗，白明善腿部中弹负重伤，谢子长安排他离开部队，到群众家中养伤。经过延川到了瓦窑堡附近的杨家老庄，驻瓦窑堡的种宝卿骑兵团又跟踪袭击，部队被迫应战。一路上敌军前堵后追，再加上正值寒冬腊月，部队衣薄粮缺，生活极其艰苦，部队减员严重，转战到陕甘边界合水县豹子川时，几百人的部队只剩下十几个，后又被敌人打散。至此，历时3个多月，转战千里，轰轰烈烈的清涧起义在敌强我弱的情况下失败了。

清涧起义虽然失败了，但起义队伍历时数月转战于清涧、延川、延长、宜川、韩城、安定、安塞、保安等县，在陕甘大地上播下了武装斗争的火种。有力地动摇了井岳秀反动统治的基础，给国民党反动派以沉重的打击；唤醒了受苦难的劳苦大众，鼓舞了人民群众同反动派进行斗争的勇气；培养和锻炼了一批革命骨干，为以后开展武装斗争及创建陕北、陕甘革命根据地，积累了经验；点燃了陕西武装斗争的烈火，开创了陕西武装斗争的历史。清涧起义是中国共产党领导陕北人民进行武装斗争的第一次尝试的预演，是中国共产党创建陕北和陕甘革命根据地的前奏和先声。

1928年1月，唐澍、谢子长从甘肃豹子川辗转回到西安。在西安红埠街9号找到中共陕西省委。唐、谢二人向省委主持军委工作的李子洲汇报了清涧起义失败的情况。

李子洲见唐澍、谢子长心情十分沉重，就和他们一起分析清涧起义失败的原因，他们详细地回顾了起义军作战的历程，认为失利原因主要是：一方面武装斗争的经验不足，加之起义领导人有决策失误；另一方面起义行动没有发动广大农民群众，取得他们的支持，使起义部队没有群众基础。清涧起义的失败，并没有动摇李子洲和中共陕西省委继续走武装斗争的革命道路的决心。

正在此时，中共中央派刘志丹回陕西工作。大革命失败后，刘志丹离开冯玉祥的国民军，历尽艰辛，先后辗转上海、武汉与中共中央取得联系，中央负责同志根据陕西的形势决定派他回陕西工作。当时因为战乱导致交通阻断，刘志丹只能骑马从武汉长途奔袭回到西安。

李子洲心急火燎地把刘志丹找来，询问中共中央有什么指示，刘志丹把中共中央给中共陕西省委的指示信交给李子洲。中央指示陕西省委应立即尽可能地发动农民，以抗捐、抗税、抗粮为口号，引导农民群众发动起义。要求陕西省委领导军队帮助发动土地革命，要在军阀混战中尽量扩大共产党的武装力量。

李子洲看完信后，心里的一块大石头终于放下了，他深深感到中共中央指示的正确性和及时性。因为清涧起义的失败在中共陕西省委里产生了对发动新的农民武装起义问题的意见分歧，他正难以决策。

1928 年 1 月 4 日，中共陕西省委召开了第三次省委全体会议。这次会议根据八七会议精神和中共中央给中共陕西省委的最新指示信，李子洲组织大家讨论了如何发动农民、如何进行武装起义的问题。

参加这次会议的有耿炳光、李子洲、张金印、李子健、刘继曾、亢维恪、潘自力、苏士杰。与会的同志对当前形势都忧心忡忡，争论在所难免。省委书记耿炳光的意见是：陕西省委领导的武装力量不强、省内反动派势力强大，立即发动起义的条件不成熟，反对匆忙行动、直接暴动。而省委常委兼团省委书记的张金印则主张在全省各地立即掀起武装起义，成立苏维埃政权。

李子洲向与会同志讲述了全国形势，分析了当前陕西敌我情况及进行武装起义的有利因素和客观条件，对耿炳光、张金印两种极端的主张提出了批评。他认为，武装起义既不可采取保守态度，也不可"左"倾盲动。他提议可在党组织和群众力量较强的渭南、华县一带先发动起义。同时提议省委要做周密的安排和部署，军事力量可以确定以许权中旅为基础，派唐澍、刘志丹、廉益民、吴浩然、谢子长等到许权中旅加强工作力量，为起义做准备。李子洲认为，这次起义既不可长期等待，亦不能操之过急，应选在军阀力量相对削弱的时候组织发动。

他还提出，同时要在国民党省党部和国民党军队内部作好情报收集工作，让在这些部门内的共产党员、团员迅速建立起地下中共党团组织，利用矛盾，从内部分化和打击敌人。

李子洲的意见得到大多数同志的赞同，并形成了决议：在渭华地区迅速着手准备发动农民，打土豪、分田地，实行武装起义，建立革命政权。

为保证这次会议形成的决议付诸落实和执行，会议依据中央文件精神，经过讨论认为，因原省委仍然没有完全摆脱机会主义的指导，犯了右倾机会主义错误，决定对中共陕西省委进行改组，撤销了耿炳光的省委书记职务，选举潘自力、李子洲、徐梦周、刘继曾、张金印、王松年6人为省委常委，潘自力代理省委书记，李子洲为军事部部长，徐梦周为组织部部长，李子健为宣传部部长，亢维恪为农民部部长，胡宪之为职工部部长，张金印主管团委工作。并确定由李子洲亲自领导在渭华等地举行的武装起义。

会后，李子洲又起草了《中共陕西省委第二十六号通告》，明确了要在全省由各地党组织积极"开展游击战争，由部分农民暴动过渡到全陕的总暴动"，省委以关中的渭华地区为暴动的重点区。

1928年3月，潘自力从上海中共中央带回了新的精神，中央批准了由李子洲起草的陕西省委关于在渭华等地举行武装起义的计划。正当省委开始具体筹划起义准备工作时，2月底渭南县发生了"宣化事件"。1928年2月28日，渭南县的反动豪绅刘铭初联合国民党渭南县党部，纠集了一些流氓捣毁了当地共产党的活动据点宣化高小，他们打砸学校，殴打师生，把师生全部赶出学校。当夜，中共渭南县委决定发动全县学生和当地农民回击，次日天刚亮时，渭南县立中学和东关县立高小的全体学生和一些当地农民赶来声援。情绪激动的群众打死了肇事的反动豪绅刘铭初、薛明谛，惊动了反动当局。县长亲自出面，带着大批军警，包围了渭南县立中学，中共渭南县委机关就秘密设立在渭南县立中学。反动当局逮捕了共产党员、团员和先进分子40余人，并将渭南县立中学校长王文宗、教师冀月亭押送到西安，而后将二人残忍杀害。

李子洲和陕西省委根据"宣化事件"造成的渭南地区的动荡时机，紧急召开省委临时会议，果断决定在渭华地区提前举行起义。

省委决定从陕南的商洛山区将许权中旅调用过来，刘志丹、唐澍、廉益民、吴浩然、谢子长等人之前受省委的派遣，已经相继到许权中旅工作。唐澍时任旅参谋长，刘志丹任参谋主任，谢子长任副旅长兼政治教导员。

许权中旅实际上一直是由共产党领导的，此时这个旅正在蓝田一带活动，因接受了国民革命军李虎臣部的收编，李虎臣部命令许旅开赴河南参加反对冯玉祥的军阀之间的战争。

在省委的命令和李虎臣部的命令之间，许权

中和刘志丹等人意见不同，所以举棋不定，便派高克林（时任许旅党委书记）到省委请示李子洲。

高克林和刘志丹一起来到省委机关所在地红埠街9号，为了躲避当局的追捕，李子洲自"九二六"省委扩大会议之后，就装扮成商人行走，蓄起了八字胡，每天长袍马褂，宣传部部长李子健则化装成"小伙计"跟随着。

听完高克林的请求，李子洲问："咱关中割麦没有镰刀行不行？""杀人没有刀行不行？""那么，干革命呢，没有枪行不行？不行！一样的道理嘛！干革命不能没有枪，不能没有军队！我们为了搞点军队，历经艰难，备尝辛苦，咋能轻易听从他人命令？"

最后，李子洲果断地说："这支部队是十分宝贵的革命武装，一定要设法留在陕西，暂且开往商洛山区，继续发展力量。一边整顿，一边练兵，随时准备参加武装暴动。"

此时的李子洲一副商人打扮，但是他的眉宇之间闪烁着坚毅的眼光，他言语不多但句句都点到痛处。在风云突变的白色恐怖之下，他传递给高克林和刘志丹的是从容、镇定、乐观，高、刘二人顿时没有了迷惑，感觉从李子洲那里获得了无穷的力量。

1928年5月上旬，刘志丹、高克林返回，向许权中等传达了省委指示，命令部队设法摆脱李虎臣部，举行起义。许权中旅随即开赴洛南县三要司驻防。为了加强许旅的组织领导，省委和李子洲又从地方抽调了一批党员、团员充实许旅力量。李子洲又多次指示许旅应利用国民党各派军阀混战之机，相机举行起义。

5月16日，许旅到达高塘镇后进行了改编，宣布成立西北工农革命军总司令部。唐澍任总司令，刘志丹任军委主席，刘继曾任政治委员，许权中任总顾问，王泰吉任参谋长，廉益民任政治部主任。部队编为4个大队，谢子长为第3大队大队长。

起义部队共计1000余人，600多支枪。在很短的时间里，起义军在东起少华山，西至临潼，南临秦岭，北迄西安的广大地区，都建立了苏维埃政权。声势浩大的革命军所到之处，人民群众扬眉吐气，土豪劣绅闻风丧胆。革命形势得到迅速好转。

渭华起义军取得的胜利，引起了国民党反动派和陕西地主豪绅阶级的极大恐慌和仇视。冯玉祥组织人马"围剿"了两次，都被起义部队粉碎了，冯部受到很大损失。

第三次，冯玉祥调动了3个师的兵力，由国民党陕西省政府主席宋哲元亲自出马指挥，分3路向革命军和陕东赤卫队大举进攻。几经激战，起义部队终因寡不敌众，伤亡过大，不得不退出渭华地区。

当部队越过秦岭、退往商洛地区时，又遭李虎臣部进攻，唐澍、吴浩然、廉益民等革命军领导人壮烈牺牲，部队损失殆尽，渭华起义最终失败了。

壮志未酬身先死

清涧起义、渭华起义虽然相继失败，但在三秦大地上掀起的革命风潮，在人民群众中获得的支持和拥护，引起了国民党政府的高度警惕，他们发起了残酷的镇压行动。渭华地区数以千计的赤卫队员、农民协会干部和农民群众被国民党屠杀和活埋。

西安街头，国民党当局派出大批特务密探，到处侦查中共陕西省委机关，搜查捕杀共产党人。

由于西安的形势越来越紧张，李子洲安排刘志丹、谢子长先后回到陕北，指示他们回到陕北地区先积蓄革命力量，等待时机。他和陕西省委的领导同志则在西安继续坚持秘密活动。

1928年11月28日，中共陕西省委书记潘自力准备到西安太阳庙门参加长安县的一个扩大会议。因有叛徒告密，中共长安县委书记张鼎安等7名同志在27日被国民党特务抓捕。潘自力没有得到任何情报，依然按计划去参加会议。他刚到开会地点，即遭国民党特务逮捕。

李子洲得到消息立即将中共陕西省委机关由红埠街转移到东羊市一带，在极其危险的环境中继续与国民党反动派进行艰苦卓绝的斗争。

李子洲由于劳累过度，生活不规律，胃病越来越严重，但他仍然强撑着身体，领导着整个陕西的革命工作。同时，每天尽可能地收集和传递情报，以最大限度地保证同志们的安全。

1929年1月下旬，他同蒲克敏等先后到富平美原小学，与曹趾仁、刘继曾、徐梦周、马云藩等召开了中共陕西省委第四次扩大会议和团省委第三次扩大会议。会上，李子洲传达了中共六大决议，并检讨了省委在领导组织各地武装起义中的失误，总结了经验教训，在省委书记潘自力被捕的情况下，会议选举曹趾仁为省委书记，并增补张国藩、薛永寿、王林（王苇南）为省委委员。

会议指示各地中共组织在艰险的环境中坚持斗争，稳定基层每个共产党员的情绪，使他们感到省委还存在，还在正常开展工作。中共陕西省委第四次扩大会议以后，陕西团省委书记马云藩被捕之后叛变，供出了李子洲和其他陕西省委领导人及省委机关地址。

获悉这一情况后，李子洲立即和省委其他同志第一时间处理省委的文件，把文件埋入地下。2月2日深夜2时左右，李子洲正在处理最后一批文件，突然，后院响起一阵枪声。李子洲立刻意识到院子已被国民党特务包围，转移是不可能了。他立即把早有准备的省委重要文件塞进灶里，把一支子弹已经上膛的手枪紧紧握在手中。他刚走近门口，一群特务破门而入。当李子洲被押出院子时，借着夜色一看，只见住在省委临时驻地的刘继曾、女交通员任青云等也都未及撤离，都落入敌人手中。

国民党特务把李子洲等人带到西华门国民党军事裁判处，关进了西华门监狱南边小院的囚室里。刘继曾、曹趾仁与李子洲关在一个牢房里。中共陕西省委遭受严重破坏后，全省原有共产党员近3000名，一时锐减到1300多名。关中地区的共产党员仅剩下200多名，且都转入地下。

国民党当局对于抓到了李子洲这么一位中共陕西重要的领导人十分兴奋，他们急切地要从李子洲口中得到重要情报，乃至整个陕西的地下组织情况。

审讯的人是国民党军事裁判处最高长官萧振瀛，他面对李子洲，看到他因胃病折磨而十分消瘦的样子，内心狂喜不已，认为这样一个身体极度虚弱的人应该很容易屈服。

萧振瀛问道："你是什么人？"

李子洲神情泰然，平静地回答："我是个商人，做点小生意。"

"撒谎！"萧猛地一拍桌子，站起来杀气腾腾地说，"李子洲！省委李书记，组织部李部长，我们应该好好认识一下你。"

李子洲轻轻地说："既然你都知道，何必再问！"

萧振瀛低估了李子洲。他开始逼着李子洲提供中共陕西省委的人员名单、潜入地下活动的情况和省委的行动计划、各地中共组织的情况，李子洲开始沉默，一言不发。

萧振瀛喋喋不休地问了半天，却一个字的回答都没有，他恼羞成怒，命令特务用刑，他气急败坏地说："别怪我们不客气了！"他冷笑着，认为李子洲这种学生出身的人根本受不住酷刑。

站立在两旁的几个军警把李子洲连拉带推地拖进昏暗血腥的行刑室，皮鞭劈头盖脸地抽打在他的身上。当李子洲苏醒过来时，他已经躺在了牢房。刘继曾正伏在他身边静静地看着他。李子洲虽然被打得遍体鳞伤，但强忍着疼痛不呻吟。他轻轻地拉住了刘继曾的手，微微用力握了一下。

李子洲躺在牢房的地上，回想着萧振瀛审讯他时透露的只言片语，他和刘继曾分析着：因为这次叛徒的出卖，省委遭到破坏的严重程度是多少？有多少人逃出去了？国民党对我党内情况掌握了多少？

为防止一些同志经不起国民党高官厚禄的诱惑，或者受不了酷刑折磨，再次出现变节分子，给中共组织带来更大的损失，让在外面的同志免遭毒手，李子洲决定在狱中开展防变节教育和警示。

李子洲对刘继曾说，发动那些意志坚定的共产党员利用放风时间，密切观察狱中每个被捕人员的表现，利用一切机会互相鼓励，坚定革命信仰。同时告诉大家，不要轻信狱中新来的来历不明的人的接近和示好，时刻提高革命的警惕性。

萧振瀛反复提审李子洲，各种酷刑都用遍了，也没能打开缺口，没有撬开李子洲的嘴。国民党陕西省政府主席宋哲元很是着急，他认为要想"清除共产党"，就要先从组织上彻底破坏，要斩草除根，务求清理得干干净净，否则以共产党的动员宣传能力，很快就会"野火烧不尽，春风吹又生"。他对萧振瀛的审讯工作没有了耐心，自己在警卫队荷枪实弹的保护下，由军事裁判处处长萧振瀛陪同，前呼后拥地来到西华门监狱，准备亲自下场劝说李子洲等人归顺。

宋哲元打算来一场集体谈心，他让监狱方面把关押在西华门的 100 多名政治犯都集中到院子里来，只听见一阵阵脚镣拖行的声音，政治犯们艰难地挪动着脚步来到院子里。李子洲受刑过后的伤非常严重，只能在刘继曾的搀扶下一点点地走出牢房。

宋哲元一走进监狱院子，径直走到李子洲跟前站住。他知道擒贼先擒王的道理，认为先从声势上压倒省委领导李子洲，把全体政治犯中职务最高、资历最老的人击垮，剩下的人就可以迎刃而解了。

宋哲元对李子洲开始大声宣讲要拥护蒋介石、拥护三民主义的大道理，他问道："你信仰什么主义？"

"我信仰马列主义！"李子洲大声地回答道。

院子里许多共产党员投来敬佩的目光，他们中许多人是由李子洲引领着走上革命道路的，这一刻大家仿佛又回到了李子洲最开始给他们讲共产主义美好前景的回忆里。

大家虽然身陷囹圄、遍体鳞伤，但一看到李子洲孱弱的身躯挺立在院子中央，听着他坚定地宣告着自己"信仰马列主义"！大家内心升腾起一种自豪的情绪，勇敢地面对着眼前的一切。

宋哲元沉思片刻说："如果今天我把你放了，你能放弃这些歪理邪说吗？"

宋哲元话音一落，李子洲轻蔑一笑："我知道你不会放我的！"

面对李子洲的回答，宋哲元无言以对，他拿出杀手锏："你就不怕死吗？死了，还有什么主义可言？"

"生死有命，富贵在天！"李子洲淡然一笑回答道。

宋哲元不能理解李子洲，他认为求生是人类

的本能，尤其是刀架在脖子上的时候，谁会不怕？然而，他不知道的是，在共产党员的心中，信仰比生命还宝贵。这一刻，李子洲想到的是自己的导师——李大钊。他想着李大钊在绞架前第一个走上前去，从容赴死，他说过，"牺牲永是成功的代价"，"高尚的生活，常在壮烈的牺牲中"。李子洲从跟随李大钊信仰共产主义那一天起，早已将生死置之度外。

李子洲的回答，让宋哲元都感佩这位中共领导人的气魄，他不再说什么，而是匆匆离开了西华门监狱。

宋哲元走后不久，狱警开始给每一个政治犯送来纸笔，说宋主席要每个人写一份详细自传。李子洲迟疑了一下，他知道这是国民党的伎俩，显然是要拿着这些材料进行断章取义，搞成所谓的忏悔自白，拿去登报。

为了不让宋哲元的阴谋得逞，李子洲通过狱中内线通知全体党员予以拒绝。

宋哲元一计不成又施一计，他又让狱警给每个政治犯发一本《三民主义》的小册子。宋哲元授意萧振瀛指定李子洲给众政治犯讲解，妄图用三民主义驯化狱中被捕的共产党员。

李子洲对宋哲元的意图看得清清楚楚，但是这次他没有拒绝，痛快地答应下来。李子洲利用宋哲元、萧振瀛提供的狱中合法讲坛，在教诲室里借讲三民主义的条文，大力赞扬孙中山先生联俄、联共、扶助农工的三大政策，揭露以蒋介石为首的国民党反动派背叛孙中山先生创建国民党的革命宗旨，肆意屠杀革命群众的罪行。通过李子洲深入浅出的讲解，国民党想要宣传的受到批判、想要污蔑的得到宣传。

宋哲元巡视监狱时，对萧振瀛面授机宜，说这些共产党都是钢铁做成的，要归顺最好来软的。采取怀柔手段，在监狱的管理上要有新办法。

监狱方面先是给李子洲、刘继曾、潘自力、李大章、杜松寿等 10 多名重要政治犯摘掉了沉重的手铐脚镣，伙食也有了一些改善。用萧振瀛的话来说，这种监狱管理新办法是内宽外严。在监狱中，李子洲凭着大智大勇、修养有素的革命风范成为全体政治犯和非政治犯心目中的领导者，许多人利用放风时间找他商量狱中共产党的组织生活和对敌斗争，大家都以他为核心，听从他的指示和安排。

时间一天天地过去了，无论是严刑拷打还是虚与委蛇地施以小恩小惠，李子洲带领大家依然坚守着底线，无一人叛变、无一人变节。宋哲元此时感到束手无策，内心十分焦急，只好把萧振瀛调离了，换范庆煦当处长，此人号称是专门对付硬骨头的"活阎王"。

范庆煦一到监狱上任，立即取消了所有对政治犯的优待政策。李子洲等10多名政治要犯的手铐脚镣重新上好拧紧，饮食全部换成黑面窝头、发霉的米饭。牢房里潮湿阴暗，加上粪便清理不及时，导致卫生条件下降、生活环境恶化，滋生了许多苍蝇、跳蚤、臭虫、老鼠，许多人生了病。这时，李子洲的胃病更加严重，又染上了伤寒，继而转成肺病，身体急骤消瘦。

狱中的同志纷纷想办法，给外面的同志传递消息，让组织上想办法营救李子洲。又计划动用狱外中共组织救济狱内同志的秘密组织——济难会的经费买些药品给他治疗。但这些都被李子洲谢绝了。

有一次，李子洲的友人李耀卿探监时给他带来 100 块钱，让他贿赂一下狱警给自己买点药品和营养品，但李子洲却全部拿出来用于救助狱中其他难友了。

随着身体情况的恶化，李子洲心里十分明白，自己的病在监狱里没有治疗的希望了，他平静地等待着死亡的来临。

夏天来了，李子洲已经处于病危之际，他给陕北绥德老家的妹妹李登岳写了一封信，托牢房狱警寄出。他在信中这样写道："我不怕死，我一个人牺牲了，还有更多的人活着，将来的社会必定是光明的，不要为我伤心掉泪……"

李子洲的友人李耀卿想办法第二次来探监，见到李子洲的病情已急剧恶化，心里十分难过。李耀卿要请医生来给他看病，被李子洲婉言谢绝了。李耀卿不忍李子洲就这样受病魔折磨，还是通过韩兆鹗请来李子洲熟悉的名医王志蔚到监狱为他诊治。王志蔚见到李子洲时，他已经奄奄一息了。

正在北平上学的李登云听说李子洲在监狱里的情况，立即赶到西安，等李登云到狱中探望时，李子洲已处于昏迷之中。李登云不禁大哭。哭声惊醒了李子洲，他用微弱的力气睁开眼睛，望着弟弟李登云，流露出恋恋不舍的目光。李子洲示意弟弟李登云把自己身下垫着的一小块地毯拿走，他说："我革命一生，没有任何财产，这块毯子给你留个纪念。你要好好侍奉高堂，代我行孝。我自己将要为革命捐躯。人固有一死，死不足畏。最遗憾的是我不能继续为党、为国家、为人民工作了。落叶归根。我死后，还是回到生我养我的陕北黄土高原吧。陕北天高，陕北地厚，陕北人好，党在陕北人民心中扎根最深。陕北……陕北……"李子洲已泣不成声了。

　　这时，李耀卿也来探监了，他带了人来想为李子洲拍一张照片留作纪念，李子洲依然谢绝了。

　　西华门监狱中的政治犯们都心系李子洲，他们看着李子洲的情况心急如焚却无能为力，刘继曾和邻牢房的杜松寿等难友们在李子洲病危时联名上书国民党当局，强烈要求给李子洲将镣铐卸去，让他少一点痛苦，但军事裁判处一直不予理睬。这时，狱警来了要给李子洲卸镣铐，气若游丝的李子洲愤怒地摇头拒绝了。他这是在蔑视敌人在他临终前的施舍，他宁可忍受沉重镣铐在他已经瘦成皮包骨的手腕脚踝上的磨砺，宁可千般疼，不谢敌人一分情，横眉冷对国民党当局，坚定地拒绝了敌人假惺惺的慈悲，把仇恨永远记在心中，记在战友们的心中，记在千万革命人民的心中。

李子洲在狱中 4 个月又 16 天，他视死如归，铁骨铮铮，使敌人一无所获。

1929 年 6 月 18 日深夜，同室难友杜松寿看到李子洲的脸庞红起来，一双丹凤眼也明亮起来，一时间他的意识也清醒了，他突然间一字一顿地吟诵起一首诗：

我是宝剑，

我是火花。

我愿生如闪电之耀亮，

我愿死如彗星之迅忽！

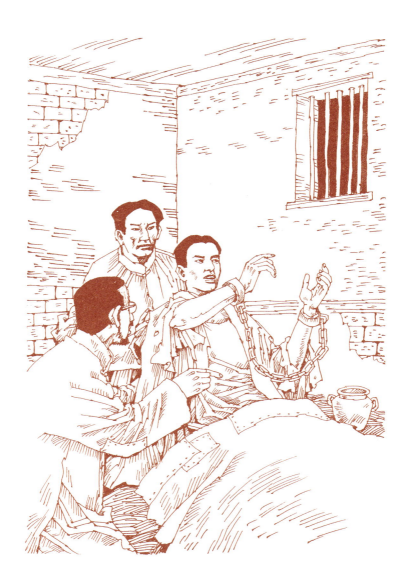

这是李子洲的北大学友、中共早期党员、北大马克思学说研究会发起人之一的高君宇烈士墓碑上的自志诗。李子洲吟诵这首诗，仿佛又回到北大校园，回到北大马克思学说研究会岁月，仿佛又回到导师李大钊身边。

黎明时分，这位中共在陕北的奠基人和中共陕西省委的主要领导人在狱中戴着镣铐病逝，年仅37岁。他静静地躺在那里，中国西北上空的一颗巨星陨落了！

李子洲病逝的消息由同情他的看守及时通知了李耀卿。李耀卿带着摄像师赶到监狱为李子洲的遗体照了相。

李子洲逝世后，友人李耀卿、韩兆鹗等人，先将灵柩寄放于西安东关洪福寺，而后又设法运往陕北绥德。安葬在大理河畔，距绥德县城二三里地。

1940年，朱德总司令亲笔写了李子洲墓碑："陕北共产党发起人。"

1942年2月，为表彰李子洲的丰功伟绩，激发后人继承其遗志，将他未竟的革命事业进行下去，中共中央西北局和陕甘宁边区政府将绥德西川及邻近几县的部分乡镇组成子洲县，以示永久的缅怀。

1941年5月4日，陕甘宁边区政府为了纪念李子洲，在绥德城内立起"李子洲纪念碑"。

1942年9月，又将绥德县立图书馆改为"子洲图书馆"。毛泽东主席、朱德总司令亲笔为"子洲图书馆"题词，高度评价李子洲的丰功伟绩。毛泽东题词称李子洲为"陕北共产党奠基人"。

1956年，党和人民政府在绥德县城附近的大理河畔，修建了子洲陵，以志永久纪念。

2000年7月15日，习仲勋同志为李子洲题词"一代英烈　千秋功臣"。

后　记

　　作为《李子洲》一书的作者，落笔之初和搁笔之时，我的心情是完全不同的。按照主编的要求，本书面向的读者群体是青少年，要用讲故事的形式，把革命先烈典型、突出、感人的事迹生动通俗地表现出来。所以，在准备资料时，我着重于收集青少年更容易理解的，体现主人公"好学""勇敢""坚贞"等品质的小故事，但是读完李子洲的资料，处处体会到的都是一代革命先烈的大精神。

　　热血青年在黑暗中执着于"论道"的上下求索精神。1917年，李子洲以优异的成绩考入了北京大学预科，一个贫民的儿子考上了中国最高学府，算是靠个人奋斗实现了阶级跨越，他完全可以过上锦衣玉食的富贵生活了，甚至可以为家里光耀门楣了。但是此刻的中国，国内军阀林立迭替，城头变幻大王旗，走马灯一样地换大帅，国外列强群狼环伺，侵蚀蚕食中国的主权和领土，整个国家大厦将倾，如漏水之舟艰难地行驶着。"国家坏到了极处，人类苦到了极处，社会黑暗到了极处。"李子洲把全部精力放在了找寻和探索救国救民的道路上。他愿意放弃个人寒窗苦读换来的飞黄腾达，为了国家和民族而勇往直前地踏上一条危险、充满荆棘的革命道路。

热血青年坚守信仰九死不悔的精神。当李子洲探寻到救国的良方是实现社会主义时，就下定决心做时代的先锋，以青春的力量、以血肉之躯赴汤蹈火拯救国家。一代人有一代人的使命，李子洲上下求索，从确立马克思主义信仰，到创办进步刊物，再到领导开展陕北地区的革命斗争，无不展现出他捍卫理想的坚定。当他身陷囹圄，面对敌人酷刑折磨，坚贞不屈、视死如归，坚持与敌人进行针锋相对的斗争。面对死亡，他说："生死有命，富贵在天，何惧之有！""我并不惧怕死，早把生死置之度外了……勇敢斗争下去，党的事业必胜，将来的社会是光明的！"

英雄会死去，也会远去，但是他们的精神不会死，不会被遗忘。英雄的理想信念和精神永不过时，希望青少年们能通过我们的这本书，记住一代英烈、千秋功臣——李子洲。

在编写过程中，军事科学院军队政治工作研究院领导和机关给予了大力支持，成稿之后，康月田、李博、岳思平等专家还进行了审读和修改。

本书主要参考的书籍和资料有：《中共党史人物传·李子洲》（中国人民大学出版社）、《李子洲传》（陈江鹏、和谷著／陕西人民出版社）、《李子洲——传记·回忆·遗文》（陕西省革命烈士编纂委员会编／陕西人民出版社）、《李大钊北京十年》（中央编译出版社）、《谢子长传》（张化民编著／中共中央党校出版社）等。

在此，谨向关心和帮助本书写作的各位领导、专家学者，以及上述著作的作者、编辑致以最诚挚的谢意！

图书在版编目（CIP）数据

李子洲 / 军事科学院解放军党史军史研究中心编.
北京 : 学习出版社, 2025. 6. --（中华先烈人物故事
汇）. -- ISBN 978-7-5147-1353-4

Ⅰ. K827=6

中国国家版本馆CIP数据核字第2025ZR4643号

李子洲
LI ZIZHOU

军事科学院解放军党史军史研究中心

责任编辑：李 岩 左轩铭 封面绘画：刘书移
技术编辑：刘 硕 内文插图：韩新维
美术编辑：杨 洪 装帧设计：映 谷

出版发行：学习出版社
　　　　　北京市东城区崇外大街11号新成文化大厦B座11层
　　　　　（100062）
　　　　　010-66063020 010-66061634 010-66061646
网　　址：http://www.xuexiph.cn
经　　销：新华书店
印　　刷：河北鹏润印刷有限公司

开　　本：787毫米×1092毫米 1/32
印　　张：5
字　　数：65千字
版次印次：2025年6月第1版 2025年6月第1次印刷

书　　号：ISBN 978-7-5147-1353-4
定　　价：22.00元

如有印装错误请与本社联系调换，电话：010-66064915